101 Nationen einer Stadt

Ingrid Kreide-Damani

101 Nationen einer Stadt

Fotografien von Josef Šnobl

Umschlagabbildung: siehe S. 266, 267

Dank für die Unterstützung bei der Aufnahmeerstellung

Die Deutsche Bibliothek – CIP-Einheitsaufnahme

101 Nationen einer Stadt / Ingrid Kreide-Damani ; Josef Šnobl. - Köln : DuMont, 1999
ISBN 3-7701-5061-9

© für die Fotografien Josef Šnobl
© 1999 DuMont Buchverlag, Köln, und die Autorin
Alle Rechte vorbehalten
Umschlaggestaltung: Groothuis + Consorten, Bremen
Satz: DuMont Buchverlag, Köln
Druck: Rasch, Bramsche
Buchbinderische Verarbeitung: Bramscher Buchbinder Betriebe

Printed in Germany   ISBN 3-7701-5061-9

INHALT

Vorwort der Autorin
Vorwort des Fotografen

Afghanistan
Ägypten
Algerien
Angola
Argentinien
Armenien
Äthiopien
Australien
Bangladesch
Barbados
Belgien
Bolivien
Brasilien
Bulgarien
Burma
Chile
China
China/Innere Mongolei
China/Tibet
Dänemark
Ecuador
Elfenbeinküste
El Salvador
England
Eritrea
Estland
Finnland
Frankreich
Gambia
Ghana
Griechenland
Haiti

Indien
Indonesien
Irak
Iran
Irland
Island
Israel
Italien
Jamaika
Japan
Kamerun
Kanada
Kenia
Kolumbien
Komoren
Kongo
Kroatien
Kuba
Lettland
Libanon
Liberia
Litauen
Luxemburg
Mali
Marokko
Mexiko
Moldawien
Mosambik
Namibia
Neuseeland
Nicaragua
Niederlande
Nigeria
Norwegen
Österreich

Palästina
Peru
Philippinen
Polen
Portugal
Republik Jugoslawien
Republik Jugoslawien/
    Kosovo
Ruanda
Rumänien
Rußland
Schweden
Schweiz
Sierra Leone
Singapur
Slowakei
Slowenien
Somalia
Spanien
Sri Lanka
Südafrika
Südkorea
Tansania
Thailand
Tschad
Tschechische Republik
Türkei
Türkei/Kurdistan
Uganda
Ukraine
Ungarn
Uruguay
USA
Venezuela
Vietnam

VORWORT DER AUTORIN

Nichts ist verblüffender als die einfache Wahrheit, nichts ist exotischer als unsere Umwelt, nichts ist phantasievoller als die Sachlichkeit.
Und nichts Sensationelleres gibt es in der Welt als die Zeit, in der man lebt! (Egon Erwin Kisch)

Anfang der 90er Jahre war es eine Meldung in den Lokalnachrichten wert: In Köln leben Menschen aus 173 Nationen, Menschen aus der ganzen Welt. Was in Köln zusammengewachsen ist, hat Wurzeln geschlagen, die im Boden der Stadt bereits so fest verankert sind, daß sie ihr Flair mitprägen, ihr Prestige aufrechterhalten, ihr Image von Weltoffenheit und Toleranz ins Ausland transportieren und unwiderruflich in die moderne Kölner Stadtgeschichte eingegangen sind.

Die Idee, die einzigartige Internationalität der Menschen in Köln zu dokumentieren, denen nichts anderes gemeinsam ist als die Stadt, in der sie leben, entstand spontan. Die Möglichkeit, Menschen aus der ganzen Welt nur einen Katzensprung entfernt direkt vor der eigenen Köln-Kalker Haustür begegnen zu können, weckte die Entdeckungslust einer Journalistin und Völkerkundlerin.

Menschen, die etwas, das sie aus der Fremde mitgebracht haben, tief in ihrem Inneren bewahren, luden zum Gedankenaustausch ein. Was zählte, waren ihre individuellen Lebensberichte, Erlebnisse und Erfahrungen, die kleinen und großen Wunder, Tragödien, Komödien und Dramen, die im Leben eines jeden Menschen einzigartig sind, aber in jeder Statistik fehlen und in der Weltgeschichte verlorengehen. Die Methode erschien denkbar einfach und verlangte nicht mehr als die Köln eigene Offenheit und ein Tonband, um das Erzählte festzuhalten. Die Effektivität dieser Verfahrensweise ist im vorliegenden Buch nachprüfbar: Die 101 Porträts zeigen Menschen nicht-deutscher Herkunft, die für immer, für längere oder kürzere Zeit innerhalb der Kölner Stadtgrenzen zu Hause sind.

Um Menschen, die mit Worten Zeugnis ablegen, zusätzliche Konturen zu verleihen, die ihre Identität unterstreichen und sie für andere Menschen lebendig machen, entschied sich die Völkerkundlerin für die Zusammenarbeit mit dem tschechischen Fotokünstler Josef Šnobl. Die eindeutige Bildsprache seiner Porträtfotografie vermittelt Menschenbilder, die dem Betrachter ungeschminkt entgegentreten. Das Konzept wurde ergänzt durch die Idee des Fotografen, die in Wort und Bild Porträtierten um eine handschriftliche Mitteilung in ihrer Muttersprache zu bitten. Die Völkerkundlerin wollte nichts unübersetzt im Raum stehenlassen und machte es sich zur Aufgabe, diese Mitteilungen ins Deutsche zu übertragen.

Weil es keinen typischen Vertreter/keine typische Vertreterin für ein Land oder eine Nation gibt, blieb die Auswahl der Porträtierten dem Zufall überlassen. Ausgangspunkt war der eigene Bekanntenkreis, der wiederum mit einem erweiterten Kreis von Freunden, Bekannten und Kollegen weiterhelfen konnte. Kontakte entwickelten sich im Schneeballeffekt. Die Staatsangehörigkeit spielte keine Rolle. Auch nicht, ob die eigene nationale Zuordnung politisch korrekt erfolgte. Ein Mongole will eben kein Chinese sein, auch wenn die innere Mongolei genauso wie Tibet politisch zu China gehört.

Es gibt Menschen, die viel zu erzählen haben, aber nur ungerne über sich selber sprechen, andere, die sich einen Zuhörer wünschen, der das, was sie zu berichten haben, in einen Roman verwandelt, Menschen, die meinen, in ihrem ganzen Leben sei noch nie etwas für andere Erwähnenswertes passiert, und wieder andere, die über das, was sie mit sich herumtragen, noch nie oder sehr lange Zeit nicht mehr gesprochen haben. Menschen lassen sich nicht durch eine bestimmte Methode zum Erzählen verführen. Niemand beantwortet gerne Standardfragen. Ein vorgefertigtes Konzept der Gesprächsführung zwingt in ein Korsett, das dem einen zuviel und dem anderen zuwenig Luft zum Atmen läßt. Wer einander nicht kennt und sich zum ersten Mal begegnet, stellt richtige und falsche, passende und unpassende Fragen. Das gegenseitige Abtasten steuert die Dynamik des Gesprächsverlaufs. Wenn Menschen erzählen über ihr Leben, ihr Schicksal, Identitätskrisen und Identitätsfindungsprozesse, ihren Umgang mit Fremdheit und persönliche, oft unverarbeitete Erfahrungen mit Diskriminierung und Rassismus, sind Gefühle im Spiel, die den Zuhörer nicht unberührt lassen.

Erzählungen anderer (aus den Jahren 1994 bis 1999) in eine für das vorliegende Buch passende Textform zu bringen, bedeutete eine inhaltliche Auswahl. Der Anspruch, dabei jedem gerecht zu werden, ist unrealistisch. Ein Anliegen war, den Erzählenden jeweils eine individuelle Stimme zu verleihen, die mit der eigenen weitgehend identisch ist. Die hier veröffentlichten Texte wurden bis auf wenige Ausnahmen von den Porträtierten gegengelesen und zum Teil mehrmals abgeändert, bis Inhalt und Form ihren Vorstellungen soweit wie möglich entgegenkamen.

Der Dank der Autorin richtet sich an alle, die das Erscheinen dieses Buches durch ihre Mitwirkung als Nationenvertreter und ihre tatkräftige Unterstützung ermöglicht haben. Besonderer Dank für konstruktive Gespräche und Mithilfe bei den Übersetzungsarbeiten gilt Dr. Karin Clark, Köln.

Ingrid Kreide-Damani, Mai 1999

VORWORT DES FOTOGRAFEN

Das Unheimliche am Heimatlosen ist für Beheimatete die Evidenz, nicht etwa daß es zahlreiche Heimaten und Geheimnisse gibt, sondern daß es in naher Zukunft überhaupt keine Geheimnisse dieser Art mehr geben könnte. Jeder Heimatlose ist, zumindest potentiell, das wache Bewußtsein aller Beheimateten und ein Vorbote der Zukunft. Und so meine ich, wir Migranten haben diese Funktion als Beruf und Berufung auf uns zu nehmen ...
(Vilém Flusser)

Das vorliegende Buch basiert auf einer wunderbaren Weltreise, die in Köln stattgefunden hat. Ich freute mich regelrecht auf jeden neuen Menschen, den ich dabei kennenlernen durfte. Ich freute mich auf seine Gewohnheiten, seinen Akzent, das Gespräch und das Foto. Es waren immer schöne Begegnungen voller Überraschungen.

Jedes Porträt besteht aus zwei Bildern. Das klassische Porträt, vor einem ruhigen Hintergrund, das die Leute in ihrer vertrauten Umgebung zeigt; meistens da, wo sie sich wohlfühlen. Wichtig ist nicht nur das Gesicht, sondern auch die Haltung und vor allem die Hände, die auf jedem Bild präsent sind, denn sie spiegeln unverfälscht die Erfahrungen des Menschen wider.

Das zweite Bild zeigt den Kopf mit geschlossenen Augen. Es stellt die bildnerische Umsetzung des selbstverfaßten Textes dar, den die Leute in ihrer Muttersprache/Mutterschrift verfaßt haben. Die geschlossenen Augen evozieren Schlaf oder einen Traum. Derjenige, der die Augen schließt, guckt in sich hinein, er meditiert, er ist nicht da.

Der selbstverfaßte Text beinhaltet ein Motto oder einen Traum, ein Gedicht oder eine Botschaft an die Umwelt. Er bringt die Ungewöhnlichkeit zum Ausdruck, die jeder von uns besitzt. Andersartigkeit ist belebend, weil sie unsere Gewohnheiten in Frage stellt.

Ohne all Eure Hilfe wäre das Projekt nicht zustande gekommen: Eusebius Wirdeier, ohne den das Projekt nicht so viele Entwicklungen gehabt hätte; Hedwig Neven DuMont für die riesige Hilfe bei der Realisation und für die elegante Art zu zeigen, wie man die Probleme löst; Sophie Hennis-Hosseini vom Allerweltshaus; Dr. Winfried Gellner vom Kulturamt Köln, der das Projekt bis zuletzt unterstützte. Darüber hinaus gilt mein Dank Christoph und Markus Schaden, Helmut Zimmermann, Marco Scherag, Harald Kunde, Marlen Schyma, Bettina Reiner, Christian Plum, Gerd Nogossek. Ein großer Dank auch an die, die ich hier ungewollt vergessen habe.

Josef Šnobl, Mai 1999

AFGHANISTAN

हम सनातन हिन्दू हैं १९४७ में जब हिन्दू और मुसलमान के बीच में झगड़ा हुआ और नाच में बहुत घहरी तक हुई तो हमारे बड़े और सब फासान देश छोड़ कर अफगानिस्तान में पनाह लिए और कई दिनह हम पर पेरे रै हमारे कई आदतों को जाब जो निकाह ऊन को मुसलमान बनाया और से कई गंहरुत हमला कर चुके हैं ऐसा हन्कलाब आया जो हम वहा से नी कई और आगे और ऊस मनह के तराह में हम नागर नह जा सकते

Wir sind Hindus. 1947, als bei der Teilung von Indien und Pakistan zwischen Hindus und Moslems sehr viel Blut vergossen und unzählige Menschen getötet wurden, flüchtete mein Großvater mit seiner Familie aus unserer ursprünglichen Heimat im damals neu gegründeten islamischen Staat Pakistan nach Afghanistan. In Afghanistan waren wir als politische Flüchtlinge geduldet, aber man wollte Moslems aus uns machen. Als die Russen Afghanistan besetzt hielten, haben wir das Land verlassen. Jetzt können wir nach Afghanistan niemals mehr zurückkehren.

Ich bin aus Afghanistan geflohen. Ich war einige Zeit unterwegs. Ich war 13 Jahre alt. Ich mußte weg von meiner Heimat. Ich bin der älteste Sohn in meiner Familie. Wenn ich in Afghanistan geblieben wäre, hätten sie mich umgebracht.

Ich war Mitglied einer Jugendorganisation der kommunistischen Partei. In der Schule hatten sie mich reingelegt. Sie haben gesagt, wir sollen Parteimitglieder werden und uns Geld und andere Sachen versprochen. Afghanistan ist ein armes Land. Ich bin Anführer einer kommunistischen Jugendgruppe geworden. Mit elf Jahren mußte ich mit dem Gewehr zum Wachdienst antreten. Wer 14 Jahre alt war, mußte immer eine Pistole bei sich tragen. Das wollten meine Eltern nicht. Sie haben gesagt: »Du wirst hier doch nur umgebracht. Du mußt weg von hier.« Deshalb bin ich nach Pakistan abgehauen. Ein Schmuggler hat mich und meinen Cousin, der auch Mitglied in der Jugendorganisation der kommunistischen Partei war, zusammen mit anderen Flüchtlingen nachts über die Grenze nach Pakistan gebracht. Wir hatten kein Visum für Pakistan. Wir haben alle zusammen in einem Zimmer gelebt. Ich weiß nicht, in welcher Stadt wir waren. Man hat uns zu essen und zu trinken gebracht. In Pakistan hätte ich nicht bleiben können. Ich bin kein Moslem. Ich bin Hindu. In Pakistan hätte ich meinen Namen und meine Religion verleugnen müssen. Wir haben uns dann alle zusammen auf die Beine gemacht und sind über Land zu Fuß durch die Wüste bis zur Grenze nach Indien gelaufen. Nachts sind wir gelaufen und tagsüber haben wir geschlafen. An der Grenze wußte ich nicht, daß auf der anderen Seite Indien liegt. Ich kannte die Länder nicht so genau. Daß ich in Indien war, weiß ich erst heute. Der, der uns geschmuggelt hat, hat uns in Indien nicht auf die Straße gelassen. Wir waren irgendwo auf dem Land in einer Hütte. Wir haben etwas zu essen bekommen, mehr nicht. Von Indien sind wir mit dem Flugzeug nach England und von England nach Deutschland geflogen. Ich wußte nicht, daß ich in Deutschland war. Am Flughafen bin ich mit meinem Cousin zur Polizei gegangen. Die Polizisten haben uns nicht geglaubt, daß wir Afghanen sind. Später haben sie Dolmetscher geholt und uns angehört. Dann haben sie uns in ein Kinderheim gebracht. In dem Kinderheim waren nur deutsche Kinder. Wir konnten etwas Englisch, aber kein Wort Deutsch. Wir mußten uns mit Fingerzeichen verständigen. Das war schrecklich. Ich wußte nicht genau, in welchem Land ich war, wie ich meine Eltern benachrichtigen konnte und ob sie überhaupt noch lebten. Ich hatte Heimweh. Aber ich bin nicht lange im Heim geblieben. Mein Onkel hat mich aufgenommen. Mein Onkel lebte schon lange in Deutschland.

ÄGYPTEN

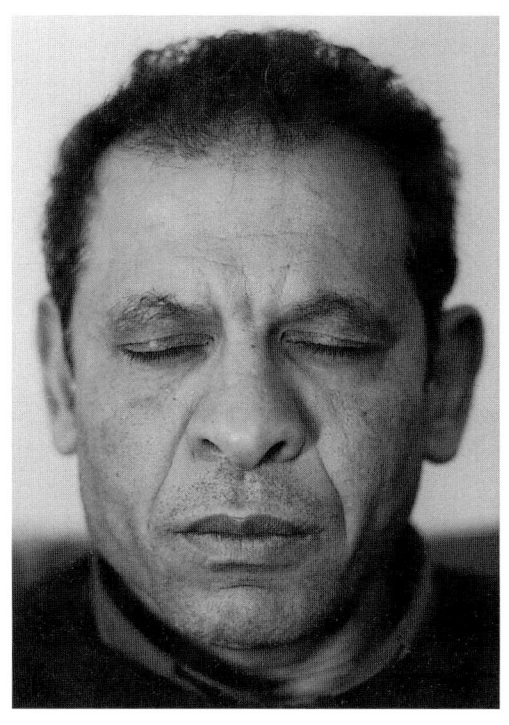

أتمنى من الله أن لعالم جميعا يعيش في سلام وأمان
ويبتعد عن الحروب والتراعات لأن الة الذرية
وأخرة وتفاجئنا أن تبقى سلمية ومحبة من أجل
الأجيال القادمة.

ابراهيم

*Ich bete zu Gott, unserem Herrn, für Frieden und
Eintracht in der Welt und
für ein Ende aller Kriege und des Hasses.
Es gibt nur eine Welt.
Wir müssen uns bemühen,
diese eine Welt für unsere Nachkommen zu erhalten.*

1975 war es schön, nach Deutschland zu kommen, ganz toll. Die Deutschen begegneten mir aufgeschlossen und freundlich, vielleicht weil zu dieser Zeit viel weniger Ausländer in Deutschland lebten als heute. Damals habe ich nicht gewußt, daß ich für immer in Deutschland bleiben würde. Man weiß ja nie, was später sein wird. Aber was soll ich heute in Ägypten? In Ägypten bin ich mittlerweile genauso fremd wie hier. Ich habe keine Freunde mehr in Ägypten und auch keine Familie. Meine Eltern sind gestorben. In Deutschland habe ich Freunde, deutsche Freunde, die jetzt meine Familie sind. Wenn ich Hilfe brauche, helfen sie mir, und umgekehrt helfe ich ihnen auch. Ich bin gerne mit anderen Menschen zusammen. Menschen interessieren mich. Menschen sind für mich Leben.

In der letzten Zeit beobachte ich, daß viele Leute, denen ich begegne, Aggressionen in sich tragen. Sie zeigen ihre Aggressivität nicht direkt, aber man kann in ihren Gesichtern lesen, was sich in ihrem Inneren abspielt. Sie brauchen kein einziges Wort zu sagen, ihre Mimik und ihre Blicke verraten die Gefühle, die sich in ihnen aufgestaut haben. Mir ist es schon einmal passiert, daß mich jemand ins Gesicht geschlagen hat, einfach so, nur weil ich Ausländer bin, aus keinem anderen Grund. Aber ich bin nicht der Meinung, daß ich denjenigen, der mich geschlagen hat, zurückschlagen muß.

ALGERIEN

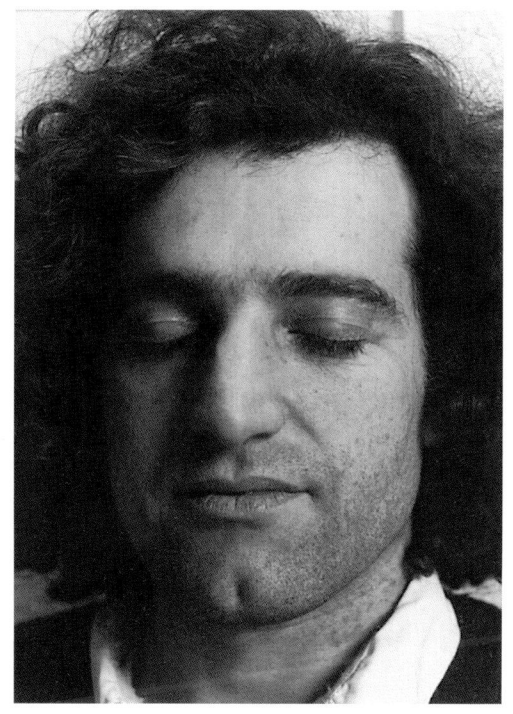

انفجر الليالي
أو زجت الورود
إبيزين الطعم

*Die Blätter
des Lorbeerbaums
sind verlockend.
Aber sie schmecken bitter.*

Ich wollte anfangs nicht akzeptieren, daß die Leute, die hier leben, einfach so sind, wie sie sind. Ich habe mich fremd gefühlt. Ich war vielleicht nicht besonders tolerant. Ich glaube, das ist auch gar nicht möglich, daß man in einer fremden Gesellschaft sofort alles ganz wunderbar findet. Das geht nicht. Ich habe ein Jahr gebraucht, um mich einzugewöhnen, bis ich die Sprache einigermaßen konnte. Die Sprache ist so wichtig. Wenn man sich ausdrücken kann, ist es egal, wo man lebt. Fremd sein, das bedeutet für mich, daß Kleinigkeiten im Alltag anders sind, z.B. wie man Brot kauft. Oder ich stehe am Neumarkt mitten in einer großen Menschenmenge und jemand kommt, macht Platz für sich ganz allein und rempelt mich an. In Algerien wüßte ich genau, wie ich zu reagieren hätte, auch wenn ein solches Verhalten undenkbar wäre. Aber hier bin ich erst einmal geschockt, und bis ich weiß, wie ich reagieren könnte, ist die Person, die mich angerempelt hat, schon verschwunden.

Seit 1990, seit der Bürgerkrieg angefangen hat, war ich nicht mehr zu Hause. Aber ich fühle mich nicht als Exilant. Ich lebe in einem anderen Land. Manchmal denke ich, was machst Du eigentlich hier. Das passiert immer, wenn ich einmal im Jahr mein Visum verlängern lassen muß. Immer dieses Bittenmüssen um ein Stück Papier! Dann frage ich mich, was in Zukunft sein wird.

Angst vor Ausländerfeindlichkeit in Deutschland habe ich nicht. Ich kann mir einfach nicht vorstellen, daß mir etwas passieren könnte. Als nach dem Brandanschlag in Solingen in der Ehrenfelder Moschee die große Trauerfeier stattfand, war ich dabei – aus Solidarität. Ich weiß nicht, wie sich das in Zukunft entwickeln wird. Wenn man sieht, was in anderen europäischen Ländern passiert, hat Deutschland in dieser Hinsicht keine größere Schuld zu tragen. Nationalismus gibt es überall in Europa.

ANGOLA

Chamo-me Yombi Dos Santos Alfredo de nacionalidade Angolana.

Agradeço imenso o povo Alemão, por ter me concedido, a possibilidade de minha estadia no território Alemão, numa altura em que no meu país enfrenta-se incríveis situações de guerra que vem a durar a mais de 30 anos.

Espera-se de mais União entre povos de todo mundo e que todos tenhamos o mesmo pensamento de lutar contra as guerras e fome no mundo.

Mein Name ist Yombi Dos Santos. Ich bin Staatsbürger Angolas. Den Deutschen bin ich sehr dankbar, daß sie mir die Möglichkeit gegeben haben, in ihrem Land zu bleiben in einer Zeit, in der es in meinem Land so viele Probleme gibt.
Ich habe die Hoffnung, daß alle Menschen weltweit durch eine einzige gemeinsame Vision vereint gegen Hunger und Krieg in der Welt kämpfen werden.

In Angola gibt es seit vielen Jahren Krieg. Ich habe mein Heimatland 1986 verlassen. Ich hatte ein Stipendium von der angolanischen Regierung, um in Rußland zu studieren. Die angolanische Regierung hat viele besonders begabte Studenten zum Studium nach Rußland geschickt. Bis 1989 hatten wir in Rußland keine Probleme. Aber nach dem Zusammenbruch der Sowjetunion verweigerte die Regierung unseres Landes die Auszahlung unserer Stipendiengelder. Wir waren 1500 angolanische Studenten in Rußland und völlig mittellos. Wir haben vor der angolanischen Botschaft in Moskau demonstriert. Die russische Polizei hat uns mit Schlagstöcken auseinandergetrieben. Viele Kommilitonen mußten die Universität verlassen. Sie haben versucht, in Rußland irgendwie auf der Straße zu überleben, sind in dunkle Geschäfte eingestiegen, in die Kriminalität abgerutscht, an Krankheiten gestorben oder sonst irgendwie ums Leben gekommen oder an ihrer Misere verzweifelt. Unsere Lage war aussichtslos. Wir haben einen Brief an Bill Clinton geschrieben und dem amerikanischen Präsidenten von unserer dramatischen Situation berichtet. Aber der Präsident unseres Landes hat auf Bill Clintons Nachfrage nur wütend reagiert, unseren Botschafter in Moskau zur Rede gestellt und gefragt, wieso der unseren Brief nicht habe verhindern können. Ich hatte Freunde in Rußland. Sie haben mir geholfen. Ich bin ins Musikgeschäft eingestiegen und habe etwas Geld verdient. Ich habe es geschafft, mein Studium abzuschließen.

Aber was soll ich in Angola mit einem Diplom für Landwirtschaft? Angola ist zerstört. In Angola ist Krieg. Ich habe meine Familie verloren. Ich habe alles verloren. Die Stadt, in der ich geboren wurde, existiert nicht mehr. Ich weiß nicht, wohin ich gehe. Die Zukunft ist dunkel für mich. Aber ich bin kein toter Mann. In Deutschland will ich mir ein neues Leben aufbauen.

ARGENTINIEN

DEL MARTÍN FIERRO:

AQUÍ ME PONGO A CANTAR
AL COMPAZ DE LA VIGÜELA
QUE AL HOMBRE QUE LO DESVELA
UNA PENA EXTRAORDINARIA
COMO EL AVE SOLITARIA
CON EL CANTAR SE CONSUELA.
(JOSE HERNANDEZ)

*Hier beginne ich zu singen
zum Rhythmus der Gitarre.
Denn der schlaflose Mann
findet wie ein einsamer Vogel
Trost im Gesang.*
           José Hernandez, El Gaucho Martin Fierro

In den ersten Jahren in Deutschland konnte ich nicht malen. Ich wußte nicht, was ich malen sollte. Wenn du in ein fremdes Land kommst, ändert sich dein Konzept von der Welt. Es gibt so viele neue Eindrücke, und es ist nicht einfach, das, was dich beeindruckt, wiederzugeben. Damals habe ich nicht darüber nachgedacht, warum ich nicht malen konnte. Es war schwer, mit den Menschen in Deutschland zurechtzukommen. In Argentinien geht man mit dem Fremdsein ganz anders um. Argentinien ist ein Einwandererland. In Argentinien ist jeder fremd. Wenn jemand angesprochen wird mit »Che... Alleman!«, »Du Deutscher!«, »Che... Negro!«, »Du Schwarzer!« oder »Che... Tano!«, »Du Italiener!«, ist das nicht abwertend gemeint. Jeder wird sofort Argentinier. Wie man auch sofort Kölner wird. Das habe ich in anderen deutschen Städten nicht erlebt. In Berlin wird man nicht sofort Berliner. Köln ist anders, freundlicher. Köln nimmt dich auf. Ich war einmal in Köln zu Besuch und habe entschieden, daß ich unbedingt hier leben will.

In Köln fühle ich mich zu Hause, vor allem weil in Köln »jeder Jeck« anders sein kann, die ausländischen »Jecken« auch. In Köln gehen die Leute auf dich zu, obwohl alles ein bißchen oberflächlich ist. In Köln erlebe ich Geschichten und die male ich auch. Zum Beispiel mein Bild mit dem Titel »There is no business like showbusiness«. Das ist so entstanden: Einer der Barkeeper in meiner Lieblingsbar wird jeden Abend von mindestens 30 oder 40 Leuten abgeküßt. Jeder kommt rein und küßt ihn. Und dann sehe ich ihn eines Tages da unten auf der Straße, wie er sich abschleppt mit einer Waschmaschine, ganz allein. Und da habe ich ihn gefragt: »Sag mal, warum hast Du das mit der Waschmaschine alleine gemacht? Du kennst doch so viele Leute!« »Niemand hat Zeit, niemand ist da«, hat er geantwortet. Aber nachts, in der Bar, heißt es immer: »Ach, wir lieben Dich alle so sehr.« Aber wenn du wirklich mal jemanden brauchst, ist keiner da.

ARMENIEN

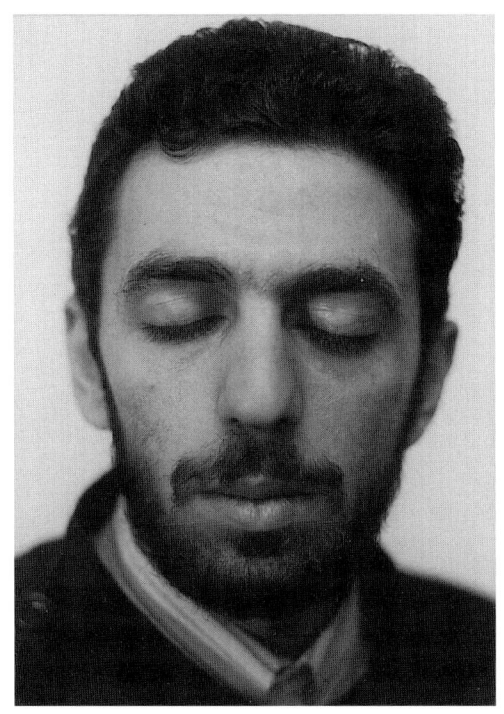

Հաւատք յոյս սէր.

և աււնցէք գլխաւորէ

սէրն է ։ (Ա. Կորնթ. գլ. 13)

Մխու Է Ժ Ս

Glaube, Liebe, Hoffnung:
Aber die Liebe ist die größte unter den Dreien.
1. Korinther 13

Ich möchte nicht über Politik sprechen, nur über das, was ich über den türkischen Völkermord an den Armeniern von meinen Großeltern gehört habe. Meine Großeltern stammen aus Diyarbakir im heutigen türkischen Kurdengebiet und sind als Kinder auf der Flucht von ihren Eltern getrennt worden. Sie haben mir erzählt, was sie gesehen, und wie alleingelassen sie sich gefühlt haben, als sie in ein fremdes Land kamen, wo sie niemanden kannten und die Sprache nicht verstanden. Ihr Schicksal ist mit meinem eigenen Leben vergleichbar. Ich habe erfahren, wie es ist, wenn man als Kind vor riesigen Problemen steht, von denen Erwachsene glauben, Kinder seien damit überfordert. Ich habe es immer irgendwie geschafft, diese Probleme zu lösen. Als ich 18 Jahre alt war, habe ich gelernt, so zu denken, als wäre ich ein erwachsener Mann von 30 Jahren.

Ich bin in Beirut aufgewachsen. In Beirut habe ich nur den Krieg gesehen. Mit zehn Jahren habe ich meine Familie verlassen. Meine Mutter wollte, daß ich mehr lernen und weiter zur Schule gehen sollte. Deshalb habe ich in Beirut zwei Jahre in einem armenischen Kloster gelebt. Später habe ich in einem Kloster in Armenien Theologie studiert und dort 1988 das große Erdbeben miterlebt, das in Armenien unvorstellbare Zerstörungen angerichtet hat. 1995 habe ich meine Priesterweihe in Ägypten empfangen.

Im Anschluß wurde ich als Gemeindepfarrer in den Sudan versetzt. Die Bilder menschlichen Elends, die ich im Sudan gesehen habe, sind mir auch noch in Deutschland gegenwärtig. Ich bin jetzt eineinhalb Jahre in Deutschland und mit der Betreuung unserer Gemeindemitglieder viel zu beschäftigt, als daß ich von Deutschland mehr als einen nur oberflächlichen Eindruck gewonnen haben könnte. Ich kenne auch nur wenige Deutsche. Deutschland hat die entsetzlichen Bilder aus dem Sudan nicht aus meinem Kopf vertrieben. Die Grausamkeiten, die ich im Sudan gesehen habe, haben dazu geführt, daß ich mir immer wieder nur eine, für mich alles entscheidende Frage stelle: Was auf dieser Welt gibt es, was kann es sein, das alle Menschen zusammenführt und so miteinander verbindet, daß sie einander verstehen? Die Antwort habe ich bis heute nicht gefunden. Immer, wenn ich glaube, einer Lösung nahe zu sein, tauchen neue unüberwindbare Schwierigkeiten auf, die all das, was ich für machbar gehalten habe, als illusorisch entlarven. Deshalb kann ich zwar von mir sagen, mit meinen 25 Jahren viel gesehen, aber ich kann von mir nicht behaupten, viel gelernt zu haben.

ÄTHIOPIEN

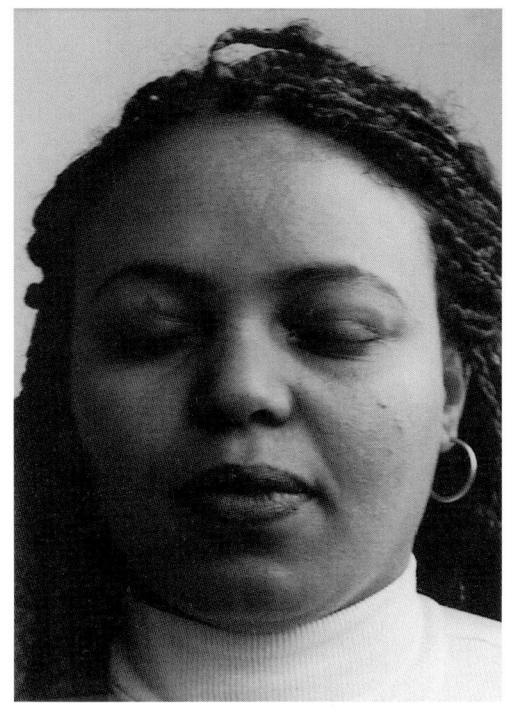

በኢትዮጵያ፡ ወላጅ፡ ስለሆነ
ነፃ፡ ማንአልም፡ ግዴታ፡ ነው።

*Ich wünsche mir, daß die Menschen in Äthiopien
in Glück und Frieden ohne Krieg leben können.*

Ich bin nach Deutschland gegangen, weil ich etwas von der Welt sehen und mein eigenes Leben leben wollte. Aber jetzt sehne ich mich zurück nach meiner Familie. Ich vermisse sie. Ich weiß nicht, wo sie ist. Mein Vater war Politiker. Unter Mengistu war er beim Staatssicherheitsdienst. Die neue Regierung hat ihn verhaftet. Jetzt sitzt er im Gefängnis. Das ist mein Problem. Ich weiß nicht, wie meine Familie ohne ihn weiterlebt. Ich weiß überhaupt nicht, was meine Mutter und meine fünf Geschwister machen. Ich habe keine Ahnung, wo sie sind, nur, daß sie irgendwo in Addis Abeba sein müssen. Ich habe versucht anzurufen, aber unter unserer alten Telefonnummer meldet sich niemand mehr. Ich habe von Deutschland aus keine Möglichkeit herauszufinden, wo sie sind. In Deutschland bin ich alleine. Ich habe niemanden, mit dem ich reden kann. Alle meine Schwestern sind in Äthiopien. Ich bin die Älteste. Als ich nach Deutschland ging, war meine kleine Schwester fünf Jahre alt. Jetzt muß sie schon 13 sein.

Ich wünsche mir, ich könnte endlich hier, in Köln, Arbeit finden und Geld verdienen. Dann würde ich nach Hause zurückgehen, um meine Familie zu suchen. Das wäre mein innigster Wunsch. Aber Arbeit zu finden ist sehr schwer. Ich habe nichts gelernt, womit ich hier etwas anfangen kann. Niemand gibt mir eine Chance.

AUSTRALIEN

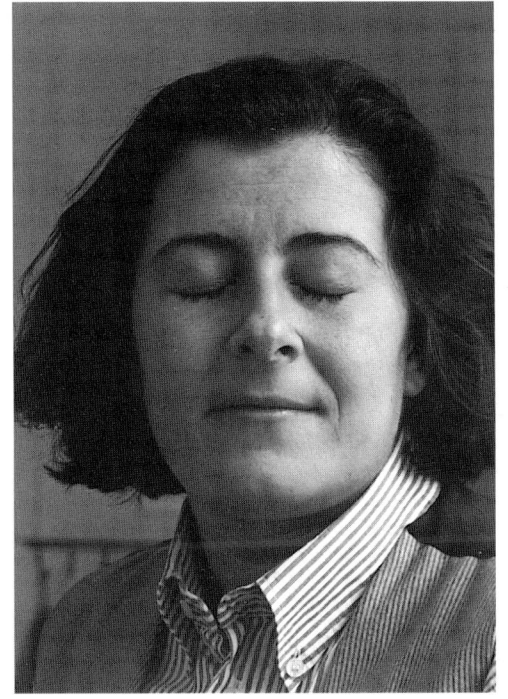

Life is what you make it
and truth is somewhere
between black and white
never sicher

1995

*Leben ist, was Du selber daraus machst,
und die Wahrheit liegt irgendwo zwischen Schwarz und Weiß.
Niemals sicher sein!*

Ich bin ein Wandervogel. In Australien sind wir zwölfmal umgezogen, weil mein Vater bei der Armee ist. Ich habe zehn verschiedene Schulen besucht. Später bin ich dreimal um die Welt getrampt und habe ein Jahr in El Salvador gearbeitet. Ich habe nie im Leben daran gedacht, nach Europa zu kommen. Europa war mir viel zu zivilisiert. Asien ist viel interessanter. Mein Freund lebt in Köln. Deshalb bin ich hier. Aber wenn ich Rentnerin bin, will ich zurück nach Australien. Im Winter ist es mir hier viel zu kalt.

Rassismus gibt es überall auf der Welt. Rassismus habe ich schon als Kind in Australien erlebt, weil meine Mutter Japanerin ist. Und mit den Aborigines, das ist so unfair! Die australische Regierung hat etwas ganz Schlechtes gemacht. Die Aborigines kriegen alles umsonst. Arbeitslosengeld, ohne Arbeit suchen zu müssen, ein Haus, ohne gefragt zu werden. Aber wenn man alles umsonst kriegt, wo bleiben dann das Selbstwertgefühl und der Selbstrespekt?

BANGLADESCH

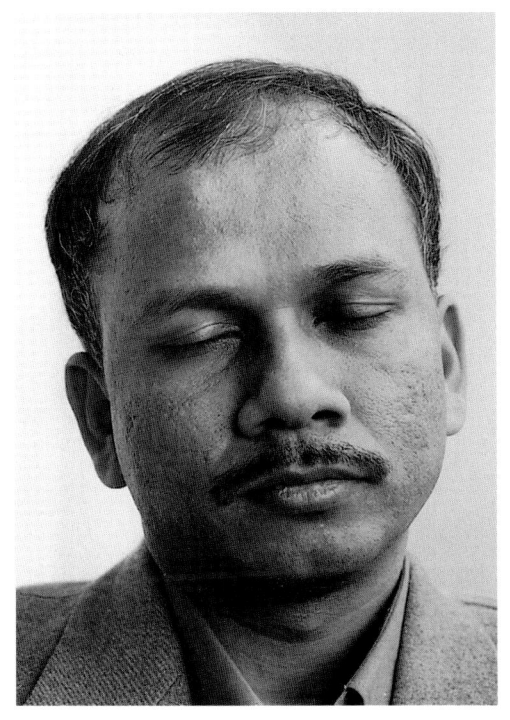

কি সুন্দর বনরাজী, প্রশস্ত গভীর
আমার আছে কথা বলার, আছে প্রতিশ্রুতি
ঘুমের আগে অনেক পথ চলার আছে বাকী
ঘুমের আগে অনেক পথ চলার আছে বাকী

শেখ হাফিজুল ইসলাম

Die Wälder sind voller Geheimnisse, dunkel und tief.
Ich habe versprochen, weiterzugehen,
Meile für Meile zu wandern,
bevor ich schlafen gehe.

Ich hatte Bangladesch noch niemals verlassen, bevor ich nach Deutschland gekommen bin. Was mich am meisten beeindruckt, ist die soziale Sicherheit, in der die Menschen hier leben. Zu diesem Thema halten die Politiker bei uns – die von der Regierungs- genauso wie die von der Oppositionspartei – immer nur lange, ausschweifende Reden. Schöne Worte, aber die Realität in Bangladesch bleibt davon unberührt. In Deutschland erlebe ich zum erstenmal, daß soziale Sicherheit keine Utopie, sondern machbar ist für alle gesellschaftlichen Gruppen, für Männer, Frauen und Kinder. Soziale Sicherheit erscheint mir in Deutschland genauso fest verankert wie die deutschen Gesetze, die zum Schutz der Bürger von der Polizei streng überwacht und von jedermann befolgt werden müssen. In Deutschland kann man nachts unbekümmert auf die Straße gehen. Man hat nichts zu befürchten. Selbst ein Radfahrer, der bei Rot über die Ampel fährt, muß ein Bußgeld bezahlen. Die deutsche Polizei kennt keine Ausnahmen. Deshalb können die Menschen hier in Ruhe und Frieden leben.

Deutsche kennenzulernen, Menschen zu finden, mit denen man Gedanken und Freude teilen kann, ist schwierig. Die Sprache ist meine Barriere. Die Deutschen möchten immer, daß ich deutsch spreche. Zum Beispiel, wenn ich mit meiner Frau zum Arzt gehe. Bevor er mit der Untersuchung beginnt, sagt er zu mir: »Herr Hafis, ich weiß ganz genau, daß Sie deutsch sprechen können. Diesmal gibt es aber keine Ausrede. Heute wird nur deutsch gesprochen.« Dann versuche ich immer wieder, ihm zu erklären, daß ich mich im Umgang mit der deutschen Sprache unsicher fühle und das Gefühl habe, meine Deutschkenntnisse seien noch nicht ausreichend, um eine ernsthafte Unterhaltung zu führen und seine ärztlichen Anweisungen zu verstehen. Ich habe Angst vor Mißverständnissen, die für meine Frau unangenehme Konsequenzen haben könnten, z.B. wenn sie eine Tablette statt vor dem Essen nach dem Essen einnimmt. Der Besuch beim Arzt ist jedesmal irritierend, für den Arzt ebenso wie für mich.

BARBADOS

Beware of the lies and false prophecies
We are many with eyes
But don't all really see

Hüte Dich vor Lügen und falschen Prophezeiungen.
Viele von uns haben Augen, um zu sehen,
aber erkennen die Wirklichkeit nicht.
                                    Curtis Mayfield

Bei der Debatte um die doppelte Staatsbürgerschaft wurde immer damit argumentiert, daß Ausländer in Deutschland nicht in Ghettos leben sollen. Aber was ist ein Ghetto? Irgend jemand hat uns in den Kopf gesetzt, ein Ghetto sei etwas Negatives. Dabei gibt es Ghettos überall auf der Welt. Wenn der Begriff »Ghetto« in Deutschland historisch vorbelastet ist, sollten wir stattdessen lieber von »Community« reden. Ich finde es viel schöner, wenn z.B. die Türken, Italiener oder Polen in Deutschland untereinander leben. Wenn der eine hier und der andere da wohnt, leben beide beziehungslos aneinander vorbei. In meiner Kultur haben z.B. die Inder ihre eigene Community. Sie mischen sich nicht unbedingt unter Schwarze, aber auch nicht unter die Weißen. Zwischen uns besteht so eine Art von stillschweigendem Übereinkommen und gegenseitiger Akzeptanz: Die leben da, die machen ihre eigenen Sachen, die heiraten untereinander und sprechen auch ihre eigenen Sprachen.

In Deutschland hat die schwarze Bevölkerung, einschließlich der vielen schwarzen Deutschen, überhaupt keine Anlaufstelle. Hier gibt es keine schwarze Community. Wenn Du nach Belgien, Holland, Amerika oder England kommst, findest Du überall schwarze Kontaktgruppen, Schwarze, die in allen Berufssparten selbständig und in Führungspositionen und politisch tätig sind, wo Du hingehen und sagen kannst: »Oh ja, ich habe dieses oder jenes Problem, das nur Schwarze verstehen können.« Und sei es nur, daß ich mit jemandem über die passende Pflege für meine Haut oder meine Haare sprechen möchte. Solche Anlaufstellen müßte und sollte es in Deutschland auch geben.

Für mein Leben hier wende ich einen ganz simplen Trick an, der uralt ist und den jeder nachmachen kann. Ich lebe ein total sauberes Leben: Wasser als wichtigstes Element, Körperpflege, Sport treiben, keine Medikamente, auch nicht, wenn ich mal krank bin, nur ab und zu ein paar Vitamine, null Drogen, keinen Tropfen Alkohol, keinen Kaffee, keine Zigaretten. Selten erlaube ich mir eine Tasse schwarzen Tee, und zum Frühstück trinke ich nur Kräutertee.

Ich muß stark sein, um in Deutschland zu leben. Ich benötige meine gesamte Energie, um telepathische Kräfte zu entwickeln, die alles Negative, auch Diskriminierungen, von mir abwehren, damit ich nie mein Lachen verliere.

BELGIEN

Le principal dans la vie est pour moi de vivre a fond ce que l'on vit et de laisser vivre les autres selon leurs idées en deux mots:
"Vivre et Laisser Vivre"

Für mich ist das Wichtigste in meinem Leben, so zu leben, wie ich leben will, und andere so leben zu lassen, wie sie es sich vorstellen. Kurz gesagt: Leben und leben lassen.

Mein Vater ist Flame, meine Mutter Wallonin. Aber das mit den Flamen und den Wallonen in Belgien ist ja doch alles nur Politik. Ich bin Belgier. Bei uns auf dem Dorf kennt jeder jeden. Jeder weiß genau, was der andere tut. Ich bin schwul. In Köln fühle ich mich total gut und richtig frei. Köln ist bunt, international und lebendig. Im Schwulenmilieu ist es einfach, Leute kennenzulernen. Ich verstecke mein Schwulsein nicht. Jeder weiß es, und jeder respektiert es. Auch in der Armee wissen alle Bescheid. Die Belgier sagen, Soldat zu sein, das ist ein Beruf. Das Privatleben geht uns nichts an. Ich störe niemanden. Ich mache meinen Beruf total gut, und das ist alles.

Als ich nach Köln kam, konnte ich anfangs kein Wort Deutsch. Ich konnte gerade mal sagen: »Ein Kölsch bitte.« Ich bin in der Stadt mit meinem kleinen Lexikon spazierengegangen und habe jedes Wort nachgeguckt. Einmal ist es mir passiert, daß mich auf der Straße ein Franzose für einen deutschen Neonazi gehalten hat. Ich hatte meine Uniform an. In Ehrenfeld, die türkischen und die italienischen Nachbarn, die wissen Bescheid. Wir grüßen uns freundlich. Seit sie mich in Uniform gesehen haben, sagen sie: »Militär, ach so!«

In der letzten Zeit bin ich öfter mal wieder in Brüssel. Wenn ich mit den Leuten rede, bekomme ich immer das gleiche zu hören: »Scheiß Araber!« In Brüssel leben sehr viele Ausländer. Sie leben in richtigen Ghettos. Die Belgier haben Angst, in die Ghettos reinzugehen. Es passiert auch viel, Überfälle und so. Verantwortlich dafür ist die Politk. Aber ich hätte keine Angst, in die Ghettos zu gehen.

BOLIVIEN

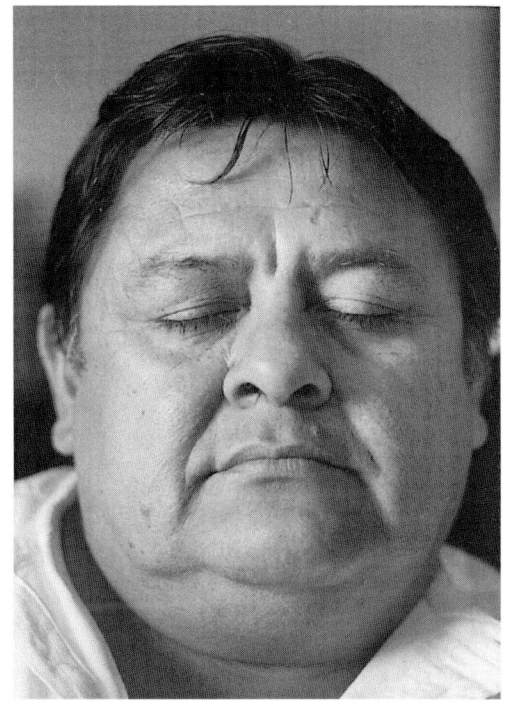

Doy gracias a la vida por haber
tenido la oportunidad de amar,
ser amado, luchar, sufrir, y ver con 54
años que la vida continúa tan intensa
como siempre
                                Carlos Solís

Ich danke dem Leben,
daß es mir die Möglichkeit gegeben hat,
zu lieben und geliebt zu werden,
zu kämpfen und zu leiden,
und mich mit 54 Jahren erkennen läßt,
daß ich noch genauso intensiv lebe wie immer.

Mit vier Jahren hatte ich als kleiner Junge Kinderlähmung. Ein deutscher Jude, der als Flüchtling nach Bolivien gekommen war, hat mich geheilt. Wir lebten damals in einem kleinen Dorf im Amazonasgebiet. Dort war eine Polioepidemie ausgebrochen. 154 Kinder waren erkrankt. Nur drei davon haben überlebt. Der jüdische Arzt, der mir das

Leben gerettet hat und mich sogar adoptieren wollte, war meine einzige Verbindung zu Deutschland. Sonst hatte ich nur irgendwann einmal ein paar Bildbände und wunderschöne Postkartenfotos mit Schneelandschaften und Pferdeschlitten in die Hände bekommen.

Als wir in Deutschland ankamen, war es Januar. Niemand hatte mir erzählt und ich hatte auch noch nie davon gehört, daß es ein Land gibt auf der Welt, in dem es erst morgens um neun Uhr hell und um 16 Uhr nachmittags schon wieder dunkel wird. Diese Jahreszeit war niederschmetternd für unsere Seelen. Dazu kam die Ungewißheit, was wir eigentlich hier machen sollten. Damals gab es in Deutschland noch eine starke Solidarität mit Lateinamerika. Von Vertretern der Kirchen, Studenten, Politikern und Gewerkschaftsmitgliedern wurden wir sehr herzlich aufgenommen. Aber ich hatte das Gefühl, ich gehöre nicht hierhin, ich muß weg. Mein Studium wurde nicht anerkannt. Daß ich nicht in meinem Beruf arbeiten konnte, war für mich eine persönliche Katastrophe. Ich sollte wieder zur Universität gehen. Aber ich war 34 Jahre alt. Ich hatte keine Lust, noch einmal von vorne anzufangen. In den ersten Jahren hatte ich auch gar kein Interesse, Deutsch zu lernen. Ich dachte immer, ich gehe sowieso bald wieder weg. Erst als ich gemerkt habe, daß meine Kinder in Deutschland bessere Chancen haben als anderswo, bekam ich so etwas wie ein Bedürfnis, die Sprache zu lernen. Ich finde es eine tolle Sache in Deutschland, daß der Sohn eines Ausländers, eines Arbeiters und eines Akademikers die gleiche Schule besuchen. Dafür haben wir in Lateinamerika immer gekämpft. Mittlerweile fühle ich mich in Deutschland sehr wohl. Aber Deutschland wird nie mein Land sein. Ich fühle mich immer als Ausländer hier.

Ich habe für mich so eine Art Aufteilung der deutschen Bevölkerung gemacht. Etwa 20 Prozent der Deutschen haben eine Abneigung gegen Ausländer. Es ist einfach so, daß sich ihr gesamtes Empfinden gegen Ausländer richtet. Höchstens eineinhalb Prozent davon hassen Ausländer. Das sind Nazis. Für diese Leute habe ich eine tiefe Verachtung. Für etwa 60 Prozent der Deutschen bin ich uninteressant. Sie sind mir gegenüber gleichgültig, und sie sind mir auch gleichgültig. Aber es gibt 20 Prozent der Deutschen, mit denen ich sehr gut leben kann. Das sind politisch aufgeklärte Leute, z.B. Christen, liberale Linke, die einen regen Erfahrungsaustausch suchen. Deutschland läuft immer Gefahr, nach rechts abzurutschen. Der Grund dafür ist, wie ich glaube, die Angst der Deutschen vor wirtschaftlichen Problemen. Aber Angst ist ein schlechter Ratgeber, wenn man eine vernünftige Lösung finden will.

BRASILIEN

Voce me chama - eu quero ir ao cinema.
Voce me ama - meu coração não condena
Mas certamente, aquele trem já passou
É o que passou, passou...
Daqui prá melhor.
Foi !
Eu só quero saber do que pode dar certo.
Não tenho tempo a perder.

Du rufst mich – ich will ins Kino gehen.
Du liebst mich – mein Herz verurteilt dich nicht.

Aber bestimmt ist der Zug schon abgefahren.
Was gewesen ist, ist vorbei.
Von nun an wird alles besser werden.
Es war.

Ich will nur Erfahrungen machen, die mich weiterbringen.
Ich habe keine Zeit zu verlieren.
                              Lied der brasilianischen Rockgruppe Títas

Partygäste in Deutschland feiern nicht. Sie haben immer so viel zu besprechen, daß sie sich in kleine Gruppen teilen, und reden ohne Ende. Jeder einzelne Mensch vertritt seine eigene, individuelle Meinung, und jede Meinung ist durchdacht. In Deutschland üben schon die Kinder, ihren Verstand zu schulen. Ich glaube, die Deutschen leben so vernunftbetont, weil hier die Sonne nicht scheint. Statt mit anderen Kindern im Garten zu spielen oder spazierenzugehen, sind die deutschen Kinder gezwungen, zu Hause zu bleiben und sich mit einem Puzzle oder anderen Denkspielen, die das Lernen fördern, zu beschäftigen. Ich versuche jeden Tag, mit meinen Kindern nach draußen zu gehen und etwas mit anderen Kindern zu unternehmen. Ich bin der Meinung, ein Mensch muß unter Menschen sein. Aber ich stelle fest, wie kompliziert es ist, mit anderen Kindern ein Treffen zu vereinbaren. Ich muß erst telefonieren und fragen, wann es denn passend erscheint, am Mittwoch schon oder besser doch erst am Donnerstag. Um soundsoviel Uhr oder lieber etwas später?

Die deutsche Gesellschaft ist eine sehr organisierte Gesellschaft. Das Wetter erlaubt nicht, daß man sich anders verhält. Niemand hier kann es sich leisten, einfach nur das Leben zu genießen. Wer keine ausreichenden Leistungen erbringt, hat hier keinen Platz. Das hat auch viele Vorteile. Was mir gut gefällt in Deutschland, ist, daß alles vorbildlich und reibungslos funktioniert: die Krankenversorgung, das Versicherungssystem, Verkehrsverbindungen und Transportmittel und die Schulen für die Kinder.

Aber manchmal meine ich, daß einige Menschen in Deutschland nicht glücklich sind. Weil ich eine Fremde, eine Ausländerin, bin, hat mich unsere Nachbarschaft in Köln-Riehl nicht gegrüßt. Anfangs habe ich immer »Guten Tag« gesagt, aber ich habe keine Antwort bekommen. Vielleicht haben die Nachbarn meine Worte überhört, habe ich gedacht, und trotzdem weitergegrüßt. Bis ich festgestellt habe, daß mich tatsächlich kein Nachbar grüßen wollte. Wenn Menschen sich für bessere Menschen halten, nur weil sie Deutsche sind, müssen sie unglücklich und unzufrieden sein. Wie sonst sollten solche Gedanken in ihre Köpfe kommen? In Brasilien ist es umgekehrt: Bei uns werden Fremde, Ausländer, ganz besonders herzlich aufgenommen. Niemand erwartet, daß ein Fremder auch nur ein einziges Wort Portugiesisch spricht. Man versucht, ihm seine Wünsche von den Augen abzulesen. Ein Fremder ist ein Anlaß zur Freude. Er braucht einfach nur da zu sein. Deshalb haben mich die Erfahrungen in Köln-Riehl besonders tief verletzt.

BULGARIEN

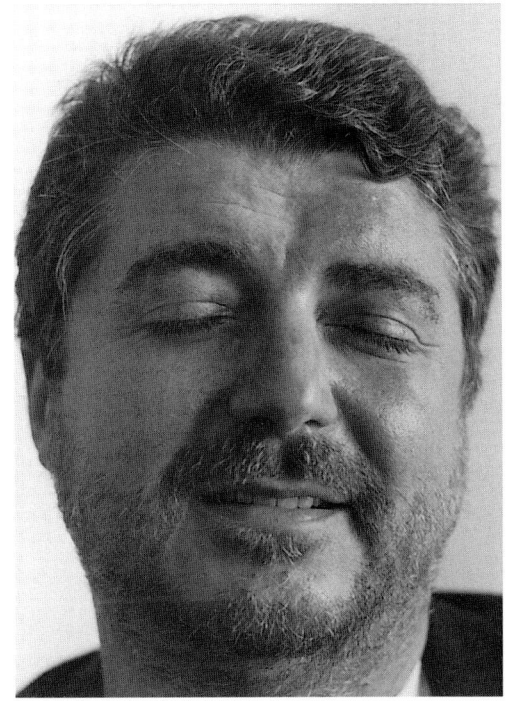

Хората са различни.
Александър Андреев

Jeder ist anders.

Zum ersten Mal konnte ich schon 1972 in die Bundesrepublik Deutschland reisen. Damals und auch später war ich erstaunt, daß in Westdeutschland viele Intellektuelle, denen ich begegnet bin, Schriftsteller und Übersetzer, politisch linke Überzeugungen vertraten. Aus meiner Perspektive, ich lebte ja unter einem sozialistischen Regime, hatte ich dafür wenig Verständnis. Der Grund wurde mir erst allmählich nachvollziehbar. Die deutsche Gesellschaft ist eine Überflußgesellschaft und von dem Überfluß hier kann einem übel werden. Wenn man selber unter schlechten wirtschaftlichen Verhältnissen zu leiden hat, kommt man ja gar nicht auf den Gedanken, sich mit dem Elend der »Dritten Welt« auseinanderzusetzen.

Bulgarien ist ein armes Land, dessen kulturhistorische Entwicklung anders verlaufen ist als die deutsche. Das zeigt sich auch auf sprachlicher Ebene, wenn ich z.B. von Rainer Maria Rilke die Beschreibung einer Vitrine mit verschiedenen Gläsern und Porzellangefäßen ins Bulgarische übersetzen will. In Deutschland gab es eine reiche Alltagskultur der wohlhabenden Bürgerschicht. Dazu gehörten zahlreiche Gegenstände zum Zweck der Dekoration und Repräsentation, die im Deutschen eigene, spezielle Bezeichnungen haben. Diese Bezeichnungen fehlen im Bulgarischen. In Bulgarien hat es ein reiches Bürgertum nie gegeben. Deshalb hat die bulgarische Sprache zur Bezeichnung von Gläsern oder Tassen nur jeweils ein einziges Wort zur Verfügung. Dafür gibt es aber viel mehr Worte, die körperlichen Genuß wie Essen, Trinken und Sexualität präzisieren und nicht ins Deutsche übertragen werden können. Daran zeigen sich die unterschiedlichen Lebensweisen von Deutschen und Bulgaren.

BURMA

အမိမြန်မာပြည်ကြီး ၇ုန်ဘော်ကြမ်း ကြွက်ဖျားများမှကင်းလွတ်ပြီး
ငြိမ်းချမ်းသာယာမှုကို အမြန်ရရှိပြီး ဆင်းရဲနွမ်းပါးသည့်ဒီမိုကရေစီ နောက်
မှာ ပြည်သူ့အများ စိတ်ချမ်း သာကိုယ်ချမ်း သာ နေနိုင်ကြပါစေ။
မြတ်ဘုရား့ထံမှာ ရှိခိုးပြီး ဆုမွန်ကောင်း တောင်းလိုက်ပါသည်။

Mutter Burma!
Ich bete zu Buddha, daß unsere Mutter Burma
von Unterdrückung und Grausamkeit befreit wird und
die Menschen in Frieden, Freiheit und Demokratie
ein selbstbestimmtes Leben führen können.

Ich bin gefoltert worden. In Burma, im Gefängnis, ist das normal. Sie schlagen dich, damit du andere verraten sollst. Als ich aus dem Gefängnis entlassen wurde, durfte ich mein Studium an der Universität nicht zu Ende führen. Ich mußte unterschreiben, daß ich niemals mehr an einer Demonstration gegen die Regierung teilnehmen würde. Deshalb habe ich mein Heimatland verlassen.

Die ersten Wochen und Monate in Deutschland waren für mich sehr schwer. Es war das erstemal, daß ich von meiner Familie getrennt war. Bei uns ist es üblich, daß die Familie zusammenbleibt, zumindest bis wir heiraten und eine eigene Familie gründen. Ein Jahr lang hatte ich Heimweh und wollte so schnell wie möglich nach Burma zurück. Aber in Deutschland habe ich Freiheit und Demokratie gefunden. Ein Leben in Freiheit und Demokratie ist in Burma kaum vorstellbar. Zum Beispiel muß man bei uns vorsichtig sein, wenn man abends, gegen 19 oder 20 Uhr, mit Freunden in einem Café sitzt.

Wenn eine Polizeistreife patrouilliert, mußt du dich verstecken. Sie können dich sonst von der Straße weg verhaften. Wenn dein Vater kein reicher Mann oder Offizier in der Armee ist, landest du im Gefängnis. Dann schicken sie dich als Hilfsposten zu den Soldaten, und du mußt die Militärregierung im Kampf gegen die Rebellen unterstützen. Wenn in Burma Demokratie und Freiheit über die Unterdrückung der Menschen siegen, möchte ich gerne nach Hause zurückkehren.

CHILE

Yo no creo, ni sueño, ni
tengo esperanza. Porque intento
vivir con los pies en la tierra
con el optimismo de lo mucho
que se pueda conocer, vivir y
lograr, sin tener que recurrir
a lo primero.

Luis

*Ich glaube nicht,
Ich träume nicht,
Ich habe keine Hoffnung.
Ich versuche, mit beiden Füßen fest auf dem Boden zu stehen,
voll optimistischer Erwartung all dessen,
was ich noch kennenlernen, erleben und erreichen kann,
ohne mich mit dem Erstbesten begnügen zu müssen.*

Nach dem Putsch gegen Allende sind 200000 Chilenen ins Exil gegangen. Wir haben in Chile weiter gegen die Diktatur gekämpft, ich mit der Kamera, weil ich Fotograf bin. Von den jungen Kameraden, die damals direkt nach dem Putsch weiter gekämpft haben, sind sehr wenige lebend ohne Verhaftung, Folter und Exil davongekommen. Ich wurde für sechs Tage festgenommen, ohne gefoltert zu werden, was man als Glück bezeichnen kann.

Als ich nach Deutschland kam, fühlte ich mich von allem, was in Chile war, abgeschnitten. Mit wem hätte ich reden sollen? Wer hätte mich verstehen können? In Chile haben wir materielle Werte für unwichtig gehalten, aber wir waren weder besitzlos noch ungebildet. Wir haben geglaubt, daß das, was wir machen, wichtig ist für unser Land.

Die Leute hier nehmen alles so leicht. Es war schwierig, in Deutschland Kontakte zu finden. In diesem Sinn war für mich alles hier sehr fremd. Dazu kam dieses Schuldgefühl, daß ich weggegangen bin, daß ich überlebt habe und viele andere nicht.

Zum Thema Toleranz gegenüber Ausländern in Deutschland muß ich sagen, daß die Deutschen uns nicht so behandeln, wie wir mit ihnen in Chile umgehen. Wenn in Chile jemand gegen das Gesetz verstößt, wird er als Mensch zur Rechenschaft gezogen und nicht als Ausländer.

CHINA

我愛你

Ich liebe Dich.

1989 habe ich in meiner Heimatstadt Peking an den Demonstrationen auf dem Platz des Himmlischen Friedens teilgenommen. Ich hatte das Gefühl, China sei plötzlich in den Mittelpunkt des Weltinteresses gerückt und die Welt begreife erst in diesem Moment, daß China überhaupt existiert und die Chinesen wie alle anderen Menschen auch Freiheit und Demokratie haben wollen. Damals habe ich mich zum erstenmal in meinem Leben gefragt, was Freiheit überhaupt bedeutet, politisch und individuell für jeden einzelnen Menschen, und was ich wohl mit Freiheit anfangen würde. Ich hatte keine Ahnung von Politik. Ich habe nicht verstanden, was Politik ist, wieso Politik ein Recht haben soll, Menschen zu unterdrücken und zu töten. Ich war noch sehr jung. Ich war 16 Jahre alt. Die Demokratiebewegung faszinierte mich. Sehr viele junge Leute haben sich zur Zeit der Demokratiebewegung verliebt, weil wir Liebe als einen Weg in die Freiheit entdeckt hatten. Liebe, sich gegenseitiges Vertrauen zu schenken, war eine Chance, der Freiheit näher zu kommen.

Während der Demonstrationen wurden viele Menschen getötet. Ich hatte noch nie einen toten Menschen gesehen. Ich sah Blut aus dem Körper eines Menschen fließen. Ich konnte nicht glauben, daß dieses Blut, das aussah wie eine rotgefärbte Flüssigkeit, echt sein sollte. Was ich sah, kam mir unwirklich vor. Mein Kopf weigerte sich, zu denken. Ich empfand nur tiefe innere Leere. Die Soldaten waren eiskalt. Die meisten waren ungefähr genauso jung und nicht größer als ich. Wir haben uns gegenübergestanden und uns in die Augen gesehen. »Ich liebe Dich«, habe ich zu einem Soldaten gesagt, dessen unbewegtes Gesicht unmittelbar vor dem meinen war. Ich weiß nicht, warum ich das gesagt habe. Der Soldat blieb stocksteif stehen und verzog keine Miene. Plötzlich brachte er sein Gewehr in Anschlag und zielte auf mich. Ich hatte keine Angst. Andere Demonstranten haben mich aus der Schußrichtung gezogen. Wir sind ganz schnell weggelaufen. Niemand kontrollierte, wer aus welchem Grund erschossen wurde. Viele starben, weil auf sie gezielt wurde, einfach so, es gab keinen anderen Grund.

In Deutschland staune ich über die Freiheit, die es hier gibt. Nach Köln gekommen bin ich, weil ich in Hongkong einen Künstler aus Singapur kennengelernt habe, der seit mehr als 20 Jahren in Köln lebt. Er erzählte mir, Köln sei die beste Stadt in Deutschland, die man sich vorstellen könne. Die Kölner seien aufgeschlossen, großzügig und tolerant. Köln sei eine Stadt der Künstler, und in Köln blühe die Kultur. Früher verband ich mit Köln nur ein einziges Bild: den Kölner Dom. Der ist auch in China berühmt. Jetzt glaube ich, Köln ist für mich die richtige Stadt, um mich als Künstlerin weiterzuentwickeln. Ich mache Videokunst. Mit meinem ersten Projekt möchte ich herausfinden, ob Freiheit und Demokratie in Deutschland anders als in China definiert werden und den Menschen in Deutschland etwas anderes bedeuten als uns Chinesen.

CHINA/INNERE MONGOLEI

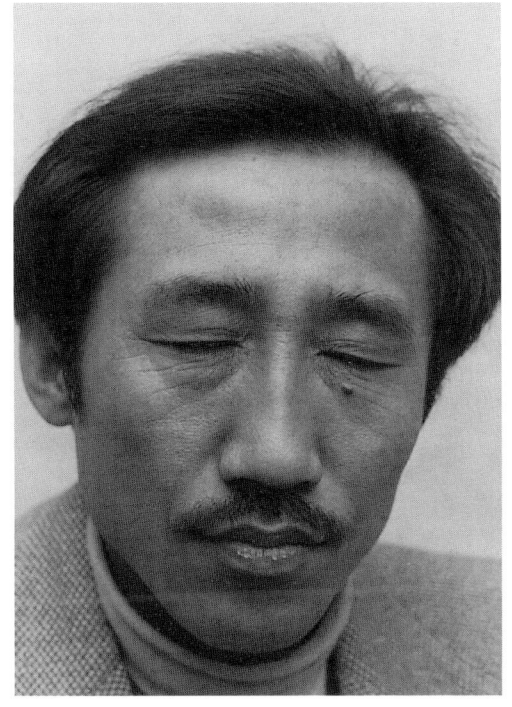

Für eine Wiedervereinigung des mongolischen Volkes.

Ich bin ein Fremder in Deutschland. Manchmal habe ich Verständnis für Deutsche, die gegen Ausländer sind. Schließlich sind die Mongolen in der inneren Mongolei durch die Politik der Chinesen zu einer Minderheit im eigenen Land geworden. Aber die jungen Leute in Deutschland, die sich Sorgen um ihre Zukunft machen, sollten überlegen, ob das Problem mit den Ausländern in Deutschland wirklich so schlimm ist, daß sich die Deutschen von Ausländern bedroht fühlen müssen.

Wir Mongolen waren zu Anfang sehr zuvorkommend zu den Chinesen. Die Mongolen sind Nomaden und nehmen jeden Fremden freundlich auf. »Kommt rein, kommt nur herein!« haben sie zu den Chinesen gesagt. Aber später kamen immer mehr Chinesen. Mit einem Mal kamen zehn Chinesen in dein Haus und haben zu dir gesagt: »Jetzt bist Du die Minderheit und wir sind die Mehrheit. Jetzt müssen wir über Deinen Haushalt entscheiden.« Wir haben uns gegen die Chinesen zur Wehr gesetzt. Wir haben eine Studentenbewegung gegründet. Später haben wir unsere Arbeit im Untergrund fortgeführt. Als ich verhaftet werden sollte, bin ich über die Grenze in die äußere Mongolei geflüchtet.

In der äußeren Mongolei lernte ich in Ulan Bator eine Gruppe deutscher Studenten kennen. Diese Studenten haben meine Entscheidung, nach Deutschland zu gehen, mitbeeinflußt. Aber es gab noch einen zweiten Grund. Ich bin nämlich etwas abergläubisch. Deutschland ist für mich ein überzeugendes Beispiel für die Möglichkeit der Wiedervereinigung eines durch willkürlich gezogene politische Grenzen getrennten Volkes. Nach Deutschland zu gehen erschien mir wie ein gutes Vorzeichen für die Zukunft der Mongolei. Ich habe geglaubt, wenn ich nach Deutschland gehe, könnte ich positiven Einfluß auf die Möglichkeiten der Wiedervereinigung des mongolischen Volkes nehmen. Ich dachte, in Deutschland wird man die Situation der Mongolen verstehen.

Zu Anfang war ich in Deutschland völlig ahnungslos. In der inneren Mongolei hatte ich immer auf Chinesisch die Nachrichten der amerikanischen, japanischen, englischen und französischen Radiosender gehört. Damals habe ich geglaubt, ich hätte eine Ahnung davon, was in der Welt vor sich geht. In Deutschland wußte ich mit einem Mal überhaupt nichts mehr. Ich konnte die Zeitungen nicht lesen und hatte keine Ahnung, wo und wie ich mich informieren sollte. Früher habe ich gedacht, daß ich nicht alles, aber vieles weiß. Jetzt habe ich manchmal das Gefühl, fast gar nichts mehr zu wissen.

CHINA/TIBET

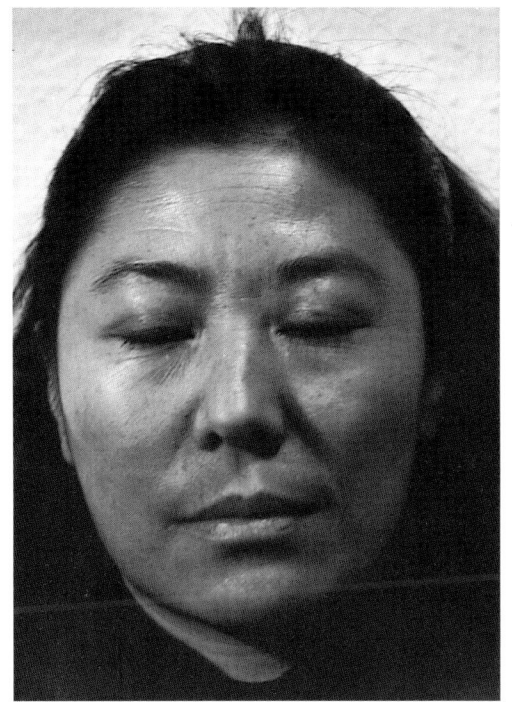

Frieden und Freiheit für alle Lebewesen!

Wenn man als Flüchtling aus Tibet gekommen ist, möchte man eine gute Ausbildung bekommen. Wenn man seine Heimat verloren hat, will man irgend etwas besitzen, das einem niemand mehr wegnehmen kann.

An die Flucht aus Tibet kann ich mich nicht mehr erinnern. Ich weiß nur, was man mir über die Flucht erzählt hat. Meine Familie lebte in Osttibet, im chinesischen Grenzgebiet. Meine Großmutter wollte ihr Land nicht verlassen. Deshalb sind wir 1960 erst mal nach Zentraltibet geflüchtet. Man dachte auch, das wird alles nicht so schlimm werden. Aber als wir in der Nähe von Lhasa waren, hörten wir, daß Zentraltibet bereits unter chinesischer Kontrolle war und der Dalai Lama Tibet verlassen hatte. Wir sind weitergezogen über das karge, dünn besiedelte tibetische Hochland bis nach Nordostindien. Dort sind wir erst 1963 angekommen. Meine Mutter ist auf der Flucht gestorben. Ohne die Hilfe der Nomaden wären wir alle unterwegs verhungert.

Wo mein Vater ist, ob er noch lebt oder bereits vor vielen Jahren gestorben ist, weiß ich nicht. Unzählige Männer und Frauen sind von den Chinesen umgebracht oder gefangengenommen worden. Von denjenigen, die sich nach Indien retten konnten, sind viele an Entkräftung, Auszehrung und der Hitze gestorben. Ob unsere Väter nach all den Jahren immer noch irgendwo in Tibet im Gefängnis sitzen oder getötet wurden, wissen die meisten von uns nicht. Aber ich hoffe, daß mein Vater gestorben ist. Im Buddhismus glauben wir an die Wiedergeburt und die Chance auf ein anderes, glücklicheres Leben. Ich war 1993 zum erstenmal in Tibet. Ich habe viele Männer getroffen, die fast 25 Jahre im Gefängnis gesessen haben. Sie sind am Ende, körperlich und seelisch. Nach dem Gefängnis gibt es keine Zukunft mehr.

In Köln auf der Ursulinenschule hatte ich eine chinesische Freundin. Ich war Sou Ping gegenüber erst sehr distanziert. Ich war sauer auf die Chinesen, vor allem auf Mao Tsetung. Dann hat mich Sou Ping gefragt: »Warum bist du nur so sauer auf mich? Die Chinesen haben doch unter Mao genauso gelitten wie die Tibeter.« Das habe ich damals als Kind noch nicht gewußt.

DÄNEMARK

Hver dag synes jeg at noget andet
er vigtigt, men en ting bliver:
latter! Når smilehullerne går
a' helvede til er det slut!
Smil — dem smitter!

Tag für Tag entdecke ich etwas Neues,
das mir wichtig ist,
aber kein Tag vergeht ohne Humor.
Wenn die Lachfalten zum Teufel gehen,
ist das Leben nicht mehr lebenswert.
Lache! Lachen ist ansteckend.

Die Dänen sind einfach anders als die Deutschen. Man kann das politisch, historisch und gesellschaftlich begründen. Aber ich bin kein Gelehrter. Meine Eindrücke sind subjektiv:

1. Die Frauen: Die dänischen Frauen sind stärker als die deutschen, tougher und selbstbewußter. Sie denken weniger über ihre Frauenrolle nach und handeln nach Lust und Laune und ihrem eigenen Willen frei von gesellschaftlichen Erwartungen und Konventionen.

2. Die Kids: In Köln wohne ich direkt über einem Kinderspielplatz. Was da manchmal abgeht, wäre in Dänemark in der Öffentlichkeit nicht vorstellbar, ohne daß sich Passanten einmischen würden. In Dänemark kann man ein Kind nicht auf der Straße schlagen. Das läßt dir keiner durchgehen. Wer ein Kind schlägt, bekommt Ärger. Wenn ich hier im Sommer aus dem Fenster sehe, muß ich mindestens einmal in der Woche miterleben, wie ein Kind von einem Erwachsenen geschlagen wird. Deutsche Kinder haben viel mehr Angst vor Erwachsenen.

3. Die alten Leute: Wenn ich in Köln abends, nach Einbruch der Dunkelheit, in Ehrenfeld oder in der Innenstadt durch die Straßen gehe, begegne ich nur selten alten Menschen. Die wenigen, denen ich, so ein junger Typ in einer Lederjacke, über den Weg laufe, weichen mir mit ihren Blicken aus. Sie benehmen sich, als sei ich unsichtbar. In Dänemark begegnen mir abends in der Stadt, in den Straßen von Kopenhagen, viel mehr alte Menschen, und die sehen nicht weg von mir. In Köln und in Deutschland fehlt mir dieser Augen-Blick.

Ich glaube, daß solche Unterschiede zwischen Menschen grundsätzlich menschliche Ursachen haben. Ich glaube nicht an Nationen. Politik interessiert mich nicht. Für mich gehört zum Leben jedes einzelnen Menschen überall auf der Welt einfach Glück dazu. Wer keine Familie hat, wer allein ist und kein Glück hat im Leben, keine gute Ausbildung und keine Erziehung bekommen hat, reagiert auf alles, was anders ist und ihm fremd, mit Angst, weil er das, was er nicht kennt, nicht verstehen, nicht einschätzen und nicht kontrollieren kann.

ECUADOR

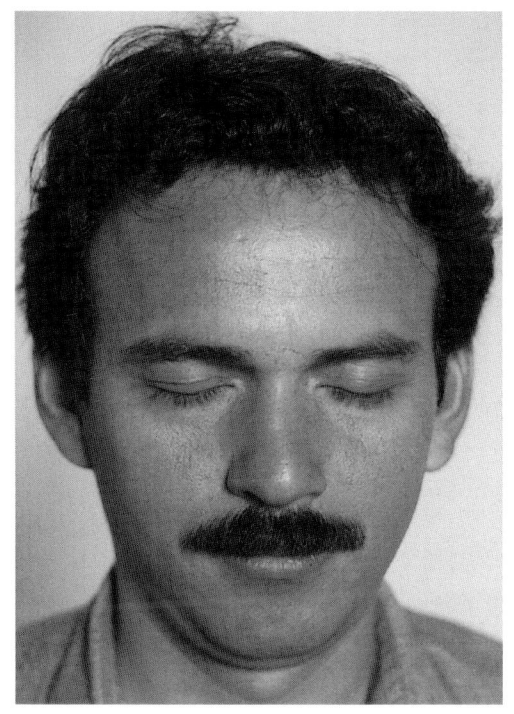

Conocer a las otras personas
te ayudará a encontrar
el cuerpo y la cara de tu alma.

E. Flores

*Andere Menschen kennenzulernen
wird Dir helfen,
den Körper
und das Gesicht
Deiner Seele zu finden.*

In Ecuador am Musikkonservatorium hatte ich einen japanischen und einen deutschen Lehrer. Das hat mich neugierig gemacht. Ich wollte unbedingt reisen und andere Lebensweisen und Kulturtraditionen kennenlernen. Wenn ich ein Stipendium für Tansania bekommen hätte, wäre ich nach Afrika gegangen. In Ecuador fühlte ich mich durch den starken amerikanischen Einfluß und die kommerzielle Ausrichtung von Kunst und Kultur eingeengt. Ich war linksorientiert, wie fast alle Intellektuellen in Lateinamerika. Man kann sich nicht einfach umdrehen und vor dem ganzen sozialen Elend im Land die Augen verschließen. Mein Vater war Vorsitzender der Lehrergewerkschaft. Er wurde erschossen, als ich ein Jahr alt war. Ich habe mit 15 Jahren im Gefängnis gesessen, weil ich an die Wände gesprüht habe: »Wir wollen mehr Brot!«

In Europa habe ich eine neue kulturelle Heimat gesucht. Ich brauchte neue Gedanken. Die ersten Jahre in Deutschland waren voller Überraschungen. Ich kannte keinen Herbst und keinen Winter. Vivaldis »Vier Jahreszeiten« erlebt man in Ecuador, wo es immer feucht und heiß ist, ganz anders als in Deutschland. Als ich zum erstenmal Schnee gesehen habe, hätte ich weinen können vor Freude. Von einigen Sachen weiß man rein theoretisch, daß es sie gibt, z.B. die Vereinzelung der Menschen in den industriellen Gesellschaften. In Ecuador habe ich einmal »Hundert Jahre Einsamkeit« von Gabriel Garcia Marquez gelesen. Aber was Einsamkeit ist, habe ich zum ersten Mal in meinem Leben in Deutschland erfahren müssen.

In Deutschland gibt es Bücher im Überfluß. Aber in Ecuador ein Buch zu bekommen ist ein riesiges Abenteuer. Um etwas über Musiktheorie und den Kontrapunkt zu erfahren, habe ich Bücher aus dem 19. Jahrhundert auf Italienisch gelesen. Ich habe sie jemandem, der Italienisch konnte, zum Übersetzen gegeben.

Mit zehn Jahren habe ich angefangen, Geige zu spielen. Aber ich hatte keine Geige. Da hat der Geigenlehrer zu mir gesagt: »Guck mal. Deine Mitschülerin hat eine Geige. Du mußt zu Hause ganz genau nachmachen, was sie jetzt macht.« Das habe ich getan. Ich habe so getan, als führe ich den Geigenbogen und würde die Tonleiter spielen. Das preiswerteste Instrument in Ecuador ist die Gitarre. Deshalb habe ich auf dem Musikkonservatorium klassische Gitarre studiert. Als ich einmal in Köln auf der Schildergasse Gitarre gespielt habe, um Geld zu verdienen, hat jemand gegen meinen Gitarrenkoffer getreten. Ich war wütend, aber etwas Schlimmes habe ich als Ausländer in Köln nie erlebt. Über Ausländerfeindlichkeit in Deutschland mache ich mir so meine Gedanken. Ich weiß, mein Zuhause wartet immer auf mich.

ELFENBEINKÜSTE

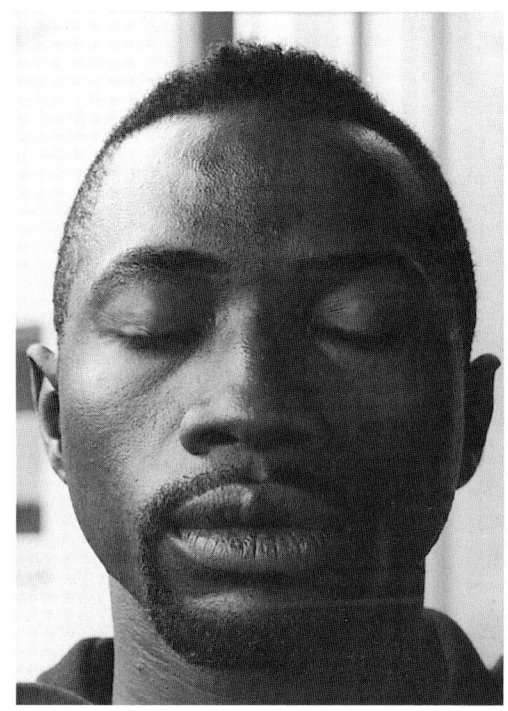

Un bois mort dans l'eau ne deviendrait jamais un Crocodil.

*Ein Stück Holz kann lange im Wasser liegen,
aber in ein Krokodil verwandelt es sich nie.*

In Afrika habe ich immer nur Schlechtes über Deutschland gehört, über Hitler und den Zweiten Weltkrieg und die Neonazis. Auch in der Schule habe ich nie etwas Gutes über Deutschland gelernt. Aber ich wollte meine eigenen Erfahrungen machen. In Frankreich wollte ich nicht leben, weil mir die französische Kolonialgeschichte meines Heimatlandes verhaßt ist und die Elfenbeinküste bis heute von Frankreich nicht wirklich unabhängig ist.

Köln ist mir sympathisch, weil Köln früher Colonia hieß und einmal genau so eine Kolonie war wie viele afrikanische Länder auch. Deshalb fühle ich mich wohl in Köln. Köln ist international. Aber was die Lebensweise betrifft, stehen Deutschland und Afrika im gleichen Kontrast zueinander wie die schwarze und weiße Hautfarbe der afrikanischen und europäischen Menschen. In der Mentalität und Kultur gibt es keine Gemeinsamkeiten. Es gibt viele Dinge, über die ich mich wundere und die ich bis heute nicht richtig verstanden habe. Zum Beipiel, daß die Menschen hier nicht zufrieden sind. Sie haben Geld, sie arbeiten und sie führen, wie man so sagt, ein normales Leben. Aber jeder lebt für sich allein. Jeder hat Nachbarn, aber niemand kommt zu Besuch. Draußen kann man sich nicht treffen, das erlaubt das Klima nicht. Hin und wieder trifft man sich mit Freunden in einem Café, und man spricht mit den Arbeitskollegen während der Arbeitszeit über die Arbeit. Ein solches Leben kann ich mir für mich nicht für immer vorstellen. Man sollte doch Spaß am Leben haben!

EL SALVADOR

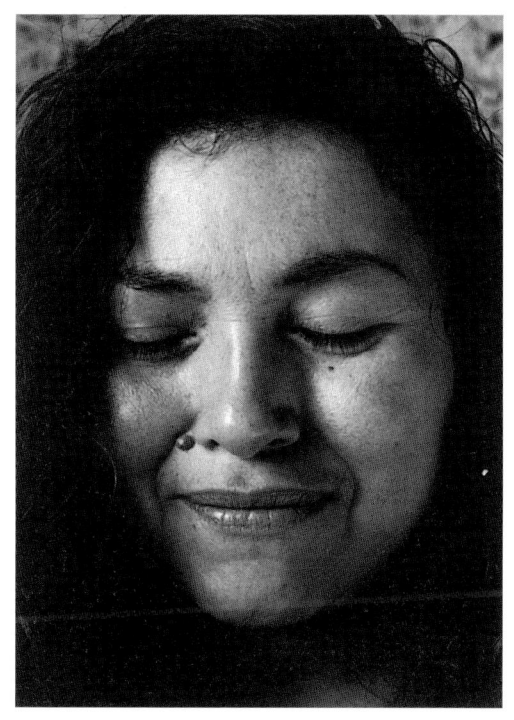

Quiero que se acabe el dinero
y en vez de ello exista justicia
Así disfrutaríamos mejor de
las tormentas y del sol
         Enid

Ich will, daß das Geld abgeschafft und durch Gerechtigkeit ersetzt wird. Nur so können wir das Gewitter und den Sonnenschein genießen.

Ich wollte Europa kennenlernen. Europa erschien mir als eine fremde, exotische Welt, in der alles ganz anders ist. Ich wollte auch wissen, was Kälte ist. Von zu Hause kannte ich ja nur Temperaturen von 24 Grad Celsius und mehr. Wenn das Thermometer in El Salvador mal auf 22 Grad fällt, sprechen die Leute bei uns von schon von einer eisigen Kältewelle und ziehen schnell einen Pullover an.

Bevor ich nach Deutschland kam, war ich in den USA. In den USA ist der Rassismus gegenüber Lateinamerikanern dermaßen stark ausgeprägt, daß ich in Deutschland den Eindruck hatte, keine anderen Menschen auf der Welt seien so lieb wie die Deutschen. Ich habe immer nur gedacht, wie toll und wie wunderbar Deutschland doch ist. In Berlin, bei meiner Schwester, hatte ich eine ganz weiche Landung. Mir ist es nicht so gegangen wie vielen anderen, die nach Deutschland ins Exil gekommen sind, weil sie dazu gezwungen waren, ihr Heimatland zu verlassen und keine andere Wahl hatten. Ich bin freiwillig gekommen. Ich konnte ganz schnell Arbeit finden, Studentenjobs eben, mal hier, mal da, mal anderswo, ich bin direkt zur Schule gegangen und habe Deutsch gelernt und dann studiert und habe durch meine Schwester viele andere Lateinamerikaner kennengelernt, die wiederum viele Deutsche kannten, so daß ich sehr schnell ein soziales Umfeld um mich herum aufbauen konnte. Ich habe vormittags Spanischunterricht gegeben, mittags auf Kinder aufgepaßt, nachmittags bin ich zur Uni gegangen, abends habe ich einen Karatekurs gemacht, und einmal in der Woche haben wir uns danach zum Tanzen getroffen. Und neben dem Studium gab es ja auch noch meine politische Arbeit im Nicaragua-Komitee, im El Salvador-Komitee, in der Frente latino americano de Solidaridad (der lateinamerikanischen Solidaritätsfront) und in der Mittelamerikagruppe. Mein Studium zu Ende zu bringen war mir nicht so wichtig. Für mich war es wichtig, etwas zu machen, was mir Spaß machte.

Schlechte Erfahrungen habe ich in Deutschland verdrängt. Die habe ich ganz tief in mir vergraben. Rassismus gibt es überall auf der Welt. Was ich bewußt an mich heranlasse, ist eine Art von positivem Rassismus, so in dem Stil »Ach, die Indianer, die sind ganz toll!« Worauf ich mir denke: »Wie bitte? Die Indianer, das sind Menschen genauso wie Du und ich und alle anderen Menschen auch. Warum sollen ausgerechnet die Indianer so furchtbar toll sein? Manche sind ganz nett und manche eben nicht, genauso wie die Deutschen.«

ENGLAND

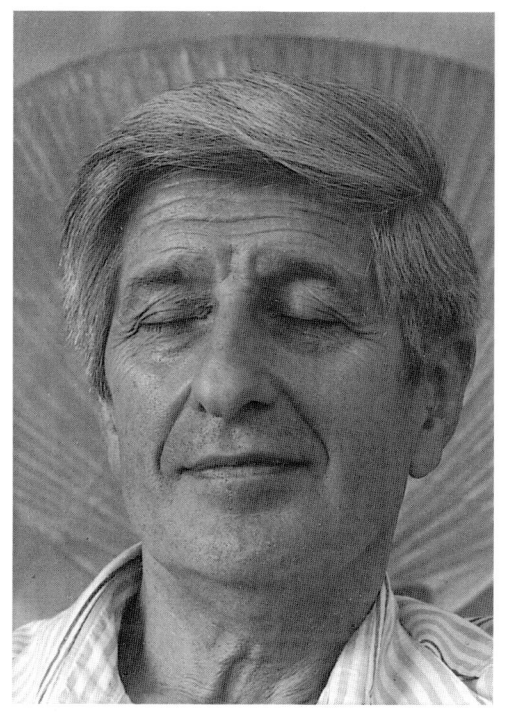

What I search from the people around me is a behaviour that brings peace and quiet in my life and theirs, that means we should treat each other with respect and good manners, not that we should be holy.
Just normal good persons.

John Evans

*Was ich bei den Menschen um mich herum suche,
sind Umgangsformen, die Ruhe und Frieden in mein Leben
und das meiner Mitmenschen bringen.
Wir sollten einander mit Respekt und guten Manieren begegnen,
aber nicht so tun, als ob wir Heilige wären. Wir sollten uns wie
ganz normale nette Menschen benehmen.*

Ein typischer Engländer bin ich nicht. Ich bin ein internationaler Mensch. Meine Frau habe ich auf dem Rückflug nach London auf dem Düsseldorfer Flughafen kennengelernt. Ich bin einfach zu ihr nach Köln gekommen, ohne auch nur ein einziges Wort deutsch zu sprechen. Auf der Straße habe ich kein Wort verstanden, und die Zeitungen konnte ich auch nicht lesen. Das war wie in einem Vakuum.

In Köln habe ich als gebürtiger Londoner eigentlich alles, was ich brauche: Menschen, Autos, Straßenbahnen und die U-Bahn. Was ich aber noch immer nicht verstehe, ist, daß die Deutschen nicht Schlange stehen können. Was ihnen fehlt, ist »selfcontrol«. In London, in der U-Bahn, kann es so eng sein wie in einer Sardinenbüchse. Aber jeder hält vom anderen gerade noch ein paar Millimeter Abstand. In Deutschland stürmen alle gleichzeitig in die Straßenbahn. Keiner nimmt Rücksicht. Keiner blickt mal hinter sich, ob er vielleicht einer älteren Dame helfen kann. Dabei beschreiben die Engländer die Deutschen immer als korrekt. Aber das englische Wort »correct« schließt auch Nettigkeit und Höflichkeit mit ein. Beides vermisse ich manchmal hier. Genauso geht es mir mit meinem »britischen Humor«. Der wird entweder gar nicht oder mißverstanden.

ERITREA

"ሃይማኖት"

ውዳኺት ቃዕኸ'ደ ናይቲ መስርጎዕዘ
ቃል ኪዳን ኪቲና ለኸገነ ንጎሃየ
ኸስከማይ ሰፍታይ እኛሾግት ውኪሉ
ናይ ኸገር ከንጎራ እኛዳዕኾ ኢኾሉ
ሳኽ'ደ ሃቲ ኣኖ ሳይ ሃከ ደኸግና
ቃዕም ውን ለኪሻ መዐር ዘኸዕረና
እየፋቶደን ውን ጎዐውን ኢኣሳን
ፋሰኸን ዝሬነግ ግደ መገና ዳዓወት
ለኸወ ረኸሰ ናይናና ኾዘምላነ ግዑረ
ግሮናነት ዘናኸሽ ዘመጉ ሃይሉ
መዐርክ ግሩ ንኣገከስ ሃይማኖት
ከኣከሽ ዘፋነ ዋደወት ኣከራኾት

መሰረት ነዕሉ ዞሃተ ናነ ሃናደት
ጎደስ ሰኣማኸ ዞመዕክስ ንደዕኸት
ዕደስ እኸዝነ ግገጉ ዘንገከነት
ኣከገነ ሕደገም ሳባነ ናነ ገለኸት
ሆዞደ'ደ መዐት ከሰነ ሃኸከ ነገ
ዘለቲሣነ ሃገኾም ዝፋናገ
ሃይማኖት ዋደቃ'ደ ገንኸለ መጠዒሃኒ
መሰረት ኣደኸነ ንኝከገት ቻከከ
ደተረዃለ መዐር ከሰመዕረነ ዞኾደ
ኻኸስኝ'ኝ ስሳለ ዞነግ ስከጉ

ኻከከ ጓነገም ዘለቲሣነ ሃገኾም
ሃይማኖት ዋደቃ'ደ ነለ ዞኣጎከሽ

ውነነወን ሃይማደያን ቃመነት
ናዛና ኸለኸት ቃለ ሬካገት ደቅ ሃገር

ግግመገ ዘመገን ኣጎከን ለገፈ

Religion

Es ist zutiefst beschämend.
Es ist ohne Sinn und Ziel und vorsintflutlich gedacht.

Wir dürfen unechten Ideologien keinen Glauben schenken.
Das ist ansteckend wie eine heimtückische Krankheit.

Es ist die Endstation einer steinigen Wegstrecke,
die wir gemeinsam überwunden haben,
daß wir ein Bündnis mit unserer Blutsbrüderschaft besiegeln,
woran wir uns mit tiefem Respekt voreinander halten werden: daß
jeder von uns, ob Moslem oder Christ,
seinem eigenen Glauben folgen soll, wir aber ein gemeinsames
Haus errichten
und in Liebe miteinander leben.

Das ist eines der Ziele, für die wir gekämpft haben.

Wir werden nicht zulassen,
daß zwischen Menschen unterschiedlicher Volksgruppen und
Konfessionen Ungleichheit entsteht,
daß mit unserem Blut gespielt und glimmende Glut zu einem
lodernden Feuer entfacht wird.

Religion darf nicht als Werkzeug mißbraucht werden,
das Familien, die in Liebe miteinander verbunden sind,
auseinanderreißt.

Sag dem, der noch nicht verstanden hat,
daß das Volk entschieden hat,
Religion solle Frieden bringen und nicht Haß verbreiten.

Selbst die Tiere leben friedlich miteinander.
Wir Menschen sind ihnen doch weit überlegen.

Wir werden nicht zulassen, daß zwischen Menschen
unterschiedlicher Volksgruppen und Konfessionen
Ungleichheit entsteht.

Manchmal spüre ich, daß ich in Deutschland ein unerwünschter Gast bin. Aber ich kann doch nichts dafür, hier zu sein, und dafür, daß Europa Waffen an Afrika verkauft und Geschäfte macht mit dem Krieg in unserem Land.

Ich bin mit elf Jahren Soldat geworden und habe im Krieg gekämpft wie alle Jungen in meinem Alter. Der Krieg war überall im Land. Keiner konnte davor fliehen. Entweder du gingst nicht in den Krieg und wurdest getötet oder du gingst in den Krieg. Dann wurdest du auch getötet. Natürlich ist es schlecht, auf andere Menschen schießen zu müssen. Aber du mußt dich ja verteidigen, dein eigenes Leben, und als Kind verstehst du nichts von Politik. Du machst nur, was die Erwachsenen dir sagen, und denkst, daß das, was du machst, richtig sei. Wenn ich mein Leben noch einmal leben und wählen könnte, würde ich niemals mehr in den Krieg gehen. Aber damals kannte ich nur meine eigene Welt und dachte, daß diese Welt alles sei, was es gibt. Ich wußte nur, daß wir für die Befreiung Eritreas kämpften.

Als ich an die Front kam und verletzt wurde, waren wir irgendwo in den Bergen. Es war ein Überfall auf unser Nachtlager. Die anderen haben mich liegenlassen. Sie dachten, ich sei tot. Zivilisten haben mich gefunden und zu meinen Leuten gebracht. Ich wurde behandelt, dann in den Sudan transportiert. Ärzte vom schwedischen Roten Kreuz haben mich operiert. Ich hatte drei Schußverletzungen an den Beinen, einen Bauchschuß und eine Kugel im Arm.

Ich mußte noch ein zweites Mal operiert werden. Ich konnte nach Deutschland kommen, weil meine Tante in Köln lebte. Nach der Operation bin ich in Köln geblieben. Ich war einfach nur froh, endlich wieder in Ruhe schlafen zu können, daß keiner auf der Straße auf mich schießt und endlich wieder wie ein Mensch leben zu können. Alles andere, mein Fremdsein hier, war unwichtig.

Im Krieg kann niemand ruhig schlafen. Krieg kann man nicht erklären, Krieg läßt sich nicht mit Worten beschreiben. Es gibt nichts Schlimmeres als Krieg.

Die Musik, die ich heute mache, und die Texte und die Gedichte, die ich schreibe, haben weniger mit dem zu tun, was ich als Kind im Krieg erlebt habe, als mit den Kriegen, die heute im Namen der Religion zwischen Moslems und Christen geführt werden. Bei uns zu Hause wurden zwischen Moslems und Christen niemals Unterschiede gemacht. Meine Großmutter und ihre moslemische Nachbarin waren Freundinnen. Meine Großmutter ist in die Kirche gegangen und ihre Nachbarin in die Moschee. Ich bin mit Verständnis und Toleranz für beide Religionen aufgewachsen. Bis ich nach Deutschland kam, habe ich Feindschaft zwischen Moslems und Christen nicht gekannt.

ESTLAND

Kõike saab sult võtta:
raha, varandust jne.
Aga mitte, mis sul peas on.
Selleks: õpi, õpi, õpi ....

Maie Kisis-Dainumäe

Alles, was Du besitzt, kann man Dir nehmen:
Geld, Haus und Vermögen,
nur Dein Wissen nicht.
Deshalb: lerne, lerne, lerne ...
                                      Wahlspruch meiner Eltern

Meine Eltern sind gegen Ende des Zweiten Weltkrieges vor den Sowjetrussen aus Estland geflohen. Ich bin in Deutschland geboren. Meine Eltern sprachen anfangs kein Deutsch. Deutsch habe ich erst in der Schule gelernt. Meine Eltern legten Wert darauf, uns Kinder in ihrer Muttersprache zu erziehen, daß wir Deutsch lernten, war ihnen erst an zweiter Stelle wichtig. Für meine Eltern war der Aufenthalt in Deutschland nicht auf Dauer angelegt. Wir wohnten in einer Siedlung, in der ca. 100 estnische Familien untergebracht waren. Die deutschen Nachbarn fühlten sich durch die hohe Zahl der Esten und unsere fremde Sprache belästigt. Den Konflikt der Erwachsenen haben die deutschen und wir estnischen Kinder mit Streit und Prügel untereinander ausgetragen. Redensweisen wie »Polacke! Kacke!« und »Geh doch zurück nach Rußland, wo Du hergekommen bist!« waren an der Tagesordnung. Die ersten Jahre meiner Schulzeit sind mir in schlechter Erinnerung geblieben, weil auch einige Lehrer in subtiler Form meinen Status als »Ausländerkind« bestätigt und bekräftigt haben. Und »Ausländerkind« zu sein bedeutete, immer »schlechter und minderwertiger« zu sein als ein deutsches Kind. Ich erinnere mich, daß ich im zehnten Schuljahr Schulsprecherin war und ein Lette mein Nachfolger wurde. Die Klassenlehrerin meiner jüngeren Schwester regte sich schrecklich darüber auf, daß in einer Schule mit über 600 deutschen Schülern immer nur »Ausländerkinder« für dieses Amt gewählt wurden. Während dieser Schimpftirade mußte meine Schwester vor die Klasse treten und stand da wie ein begossener Pudel, den Tränen nahe.

Im Laufe der Jahre haben sich die Probleme gelegt, weil ich aussehe wie eine Nordeuropäerin und deutsch wie eine Deutsche spreche. Mißtrauen erregte nur noch mein nichtdeutscher Name. Integration hat mit einem deutschen Paß nichts zu tun. Wer immer in die Rolle des »Ausländers« gedrängt wird und ständig gezwungen ist, sich zu verteidigen, kann und will sich nicht integrieren. Jahrelang habe ich darunter gelitten, mich wegen meiner nichtdeutschen Herkunft rechtfertigen zu müssen. Als Gegenwehr habe ich die Deutschen nicht gemocht und war sogar froh, nicht Deutsche und damit »anders als die Deutschen« zu sein. Meine Integration hat erst begonnen, als ich meine Minderwertigkeitsgefühle ablegen und meinen inneren Frieden mit Deutschland und den Deutschen machen konnte, ohne mich als Estin verleugnen zu müssen. Allerdings sind mir Heimatgefühle immer fremd geblieben, und ich bin nicht auf ein bestimmtes Heimatland fixiert.

FINNLAND

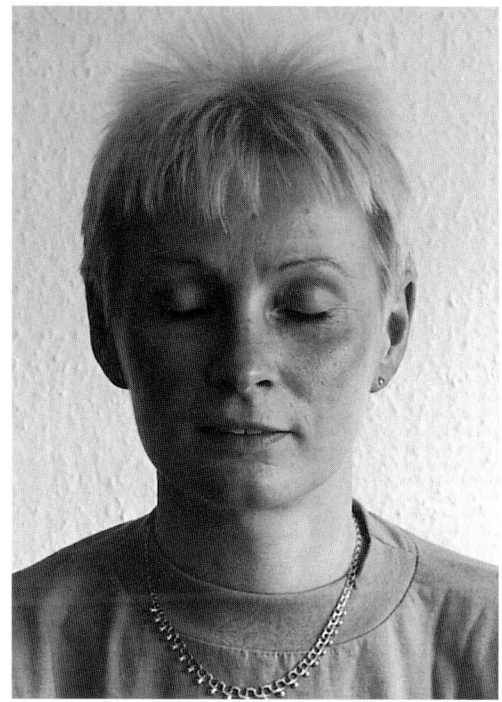

Riitta Toivanen

ISON JÄRVEN RANNALLA JA
KATSELEN OTTI UIVIEN SORSAPOIKIA.
LOINEIDEN LIPLATUS KALLIOTA
VASTEN TUO SISÄLLENI RAUHOITTAVAN
TUNTEEN. NÄTTELEN – ON ONNI
ELÄÄ!!!

Ich sitze am See
und schaue den vorbeischwimmenden
Enten nach.
Kleine Wellen rollen an den Strand,
und ich bin ruhig und rundherum zufrieden.
Ich denke: Es ist ein Glück, zu leben!

Schon in der Schweiz habe ich deutlich gespürt, daß Ausländer nach ihren Herkunftsländern verschiedenen Klassen zugeordnet werden. So etwas wie Diskriminierung habe ich nie gespürt, aber die Spanierinnen und die Jugoslawinnen, mit denen ich in der Schweiz zusammengearbeitet habe, wurden als Ausländerinnen anderen Klassen zugeordnet und auch so behandelt.

Ich bin Angestellte bei der Kölner Stadtsparkasse. Es gibt Kunden, die kommen zu mir und sagen: »Von der Türkin will ich nicht bedient werden. Zu der will ich nicht.« Das ist nur, weil sie Türkin ist, nichts gegen sie persönlich. Sie ist eine tolle Frau. Das tut weh, so etwas zu hören. Ganz zu Anfang war ich in der Kundenberatung tätig und mußte den Leuten alles mögliche erklären. Wenn die männlichen Kunden etwas nicht verstanden hatten und ein junges Mädchen, eine Ausländerin, zu ihnen sagte: »Ja, sehen Sie, das ist so und so«, dann ging ihnen das gegen den Strich. Das hat ihren Stolz verletzt. »Scheißausländerin!« habe ich da gehört. Das hat mich tief verletzt. Aber es ist schon komisch. Meine Kollegen sagen immer zu mir: »Ach Riita, Du bist doch gar keine Ausländerin!«

FRANKREICH

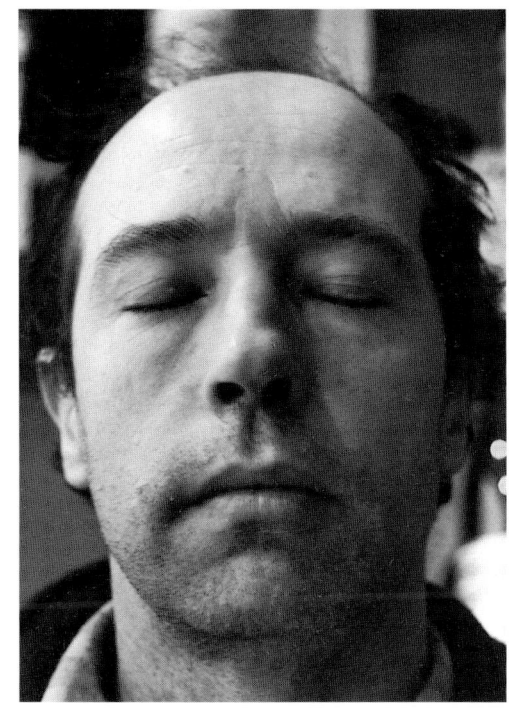

Nous irons deux par deux
Et nos enfants riront de la légende
où pleure un solitaire.

CHERIFA

Wir werden zu zweit fortgehen.
Unsere Kinder werden lachen über die Legende vom Menschen,
der allein ist und weint.

Die Franzosen waren schon immer von der Leistung der Deutschen beeindruckt, wirtschaftlich und kulturell. Zum Beispiel werden die Bayreuther Festspiele vom französischen Rundfunk und Fernsehen direkt übertragen. Die Franzosen sind Wagnerianer. Die deutschen Philosophen werden viel gelesen und natürlich auch die deutsche Literatur. Ich wollte im Ausland Erfahrungen sammeln und sehen, wie ich mich in einer fremden Gesellschaft bewegen kann. Ich habe in Köln Germanistik studiert. Das war die einfachste und preiswerteste Methode, Deutsch zu lernen. Als ich mich hier angemeldet habe, mußte ich ein Formular vom Ordnungsamt ausfüllen. Darin wurde auch nach der Religionszugehörigkeit gefragt. Das ist das gleiche, als ob mich jemand fragt, ob ich lieber Rotwein trinke oder auf der rechten oder auf der linken Seite schlafe. Religion ist für mich Privatsache. Danach wird man in Frankreich nicht gefragt. Ob man katholisch oder evangelisch oder aus der Kirche ausgetreten ist, wird in Deutschland sogar in der Kneipe diskutiert. Das zu verstehen fällt mir schwer. Ich bin eben nicht in Deutschland geboren. Aber dem Namen nach bin ich in Frankreich auch Ausländer. Mein Vater ist Algerier. Ich habe die Kultur meines Vaters erlebt als eine Kultur, die sich im Krieg gegen Frankreich behaupten mußte. Es gab alltägliche Kontakte mit Algeriern, eine ganz andere Art von Gastfreundschaft und einen Zusammenhalt, der bis heute typisch ist, wenn es um die Auseinandersetzung mit den Fundamentalisten in Algerien geht.

    Mit Gewalt gegen Ausländer bin ich in Frankreich großgeworden. Diese Gewalt spielt sich direkt auf der Straße ab und ist brutaler als in Deutschland. Aber mit der französischen Form von Gewalt kann ich besser umgehen als mit Gewalt in Deutschland.

GAMBIA

e lafeta ka tujann katu na Banko
ma karboo kendo soto, ko jaa. Na dinn fula
sotoo ja ne Banko ka lafe ta ka na Addo
tadin e la, ane ka na kayo moye ma mun
mandingo te

*Ich wünsche mir, in Deutschland bleiben zu können.
Ich würde gerne etwas für die Zukunft lernen und habe
zwei Kinder hier
Ich möchte, daß meine Kinder meine Sprache sprechen
und meine Kultur kennenlernen.*

Ich habe in meiner Heimatstadt Brikama als Polizist und später als Feuerwehrmann meinen Dienst getan. Am 21. Juli 1981 reiste unser Präsident Dawda Jawara zum Staatsbesuch nach England zur Hochzeit von Prinz Charles und Prinzessin Diana. Während er sich in England aufhielt, fand in unserem Land ein Putschversuch statt. Unser Präsident sollte gestürzt werden.

Der Putsch begann in den frühen Morgenstunden des 31. Juli. An diesem Tag habe ich wie jeden Tag von zwölf Uhr nachts bis acht Uhr morgens gearbeitet. Man hatte uns informiert, daß unser Präsident später als ursprünglich geplant aus England zurückkehren sollte. Nachts kamen uns auf den Straßen Lastwagen und Polizeijeeps mit Soldaten entgegen. Wir haben uns gewundert und gefragt, komisch, wenn der Präsident heute nicht zurückkommt, wieso sind dann Soldaten unterwegs? Und als wir zusammensaßen und darüber geredet und auf unsere Ablösung durch die Morgenschicht gewartet haben, kamen mit einem Mal Rebellen und erklärten: »Wir haben geputscht.« Dann haben sie jeden von uns gefragt: »Machst du mit? Stehst du auf unserer Seite?« Wir mußten Ja sagen. Wenn wir Nein gesagt hätten, hätten sie uns erschossen. Wir mußten unsere Namen angeben und unterschreiben, daß wir die Rebellen unterstützen. Dabei wollten wir, wie die meisten Leute in Gambia, mit den Rebellen gar nichts zu tun haben. Wir kannten keine politischen Unruhen. Putschversuche hatte es in Gambia noch nie gegeben. Als die Schießereien in den Straßen begannen, habe ich mich nach Hause durchgeschlagen. Ich bin zu Hause geblieben, bis unser Präsident zurückgekehrt und die Ordnung im Land wieder hergestellt worden war. Der Präsident ließ verkünden, jeder solle zu seinem Arbeitsplatz zurückkehren. Also habe ich meinen Dienst bei der Feuerwehr wieder aufgenommen. Aber dann habe ich erfahren, daß alle Leute, die bei den Rebellen mit ihrem Namen unterschrieben hatten, auf einer Liste standen und abgeholt und verhaftet werden sollten und daß einer meiner Brüder bereits im Gefängnis mißhandelt und ums Leben gekommen war. Ich habe Angst bekommen und Gambia auf der Stelle verlassen.

Einige Zeit habe ich mich an der Elfenbeinküste und in Nigeria aufgehalten. 1991 bin ich in mein Heimatland zurückgekehrt. Aber die Verhaftungswelle war noch nicht abgeschlossen. Meiner Mutter habe ich gesagt. »Es tut mir leid. Ich kann hier nicht bleiben. Ich habe Angst.« Ich wußte, was in unserem Land passiert. Wer ins Gefängnis kommt, wird geschlagen. Spätestens nach einem Jahr ist ausnahmslos jeder, ob schuldig oder unschuldig, ein toter Mann. Ich bin mit dem Schiff nach Deutschland gefahren.

GHANA

"San ko fa"; "Fetch it back"
Sometimes, you have to fetch the past to understand the future.
M. B. Yarkah.

Die Zukunft zeigt sich in der Vergangenheit.

Meine Familie ist nur reich an Bildung. Zu Hause waren wir fünf Geschwister, und mein Vater hat Wert darauf gelegt, daß wir alle eine gute Ausbildung bekamen. Ich bin jetzt 25 Jahre in Deutschland und habe in meinem Leben mehr Zeit in Deutschland als in Ghana verbracht. Meine besten Freundinnen sind Deutsche. Daß sich Deutschland in den letzten Jahren verändert hat, macht mich traurig. Ich habe Deutschland anders kennengelernt.

Vor vier Jahren hatte ich ein Erlebnis, das mir angst gemacht hat. Wie fast jedes Jahr kam meine Mutter zu Besuch nach Köln, und wir wollten bei einem Bummel durch die Stadt eine Boutique in der Mittelstraße betreten. Das wurde uns verwehrt. Man hat uns nicht hereingelassen. Der Grund war nicht, daß wir kein Geld in der Tasche hatten, sondern unsere Hautfarbe, die schwarz ist. In dem Moment, als das passiert ist, habe ich richtig Angst bekommen. Man hat uns am Betreten des Geschäftes gehindert, ohne uns eine Chance zu geben, ohne danach zu fragen, ob wir etwas geleistet haben im Leben. Man hat nur unsere Hautfarbe gesehen. Damit waren wir abgestempelt, kilometerweit. Meine Mutter war geschockt. Sie hatte so etwas noch nie erlebt. Aber ich habe gute deutsche Freunde. Sie haben diese Geschichte ins Fernsehen gebracht. In Begleitung eines Kamerateams habe ich noch einmal versucht, das Geschäft zu betreten. Wieder wurde es mir verwehrt. Die Geschäftsbesitzer wurden dabei gefilmt, wie sie mich rausgeschmissen haben. Der Film, der diese Szene dokumentiert, wurde drei oder vier Mal im Fernsehen gesendet.

GRIECHENLAND

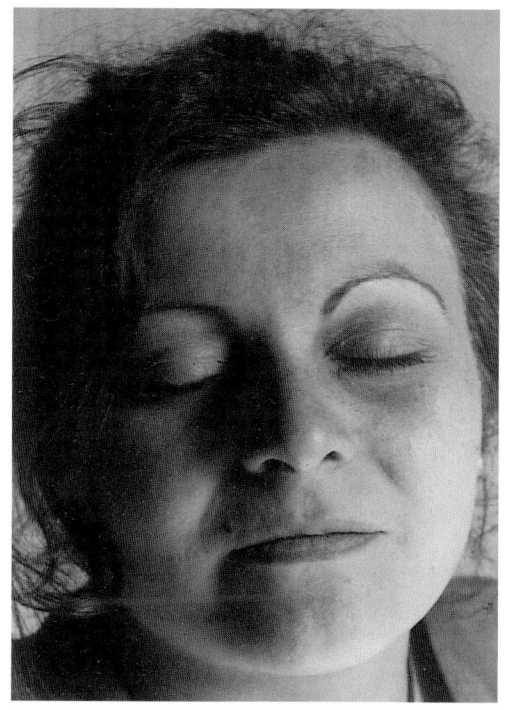

" Κύριε ὁ Θεός μου, ὁ μέγας καὶ
φοβερὸς καὶ ἔνδοξος, ὁ πατὴρ
ὁρωμένης καὶ νοουμένης κτίσεως
Δημιουργός ... "

Η. Μοσχογιάννου

*Oh Herr, der Du mein Gott bist,
der allmächtige und glorreiche Schöpfer
des sichtbaren und unsichtbaren Universums ...*

Ich wollte etwas anderes kennenlernen als Griechenland. Ich wollte nach Amerika. Mein Vater war dagegen, weil Amerika so weit entfernt ist. Er wollte überhaupt nicht, daß ich von zu Hause wegging. Aber er hat Bekannte in Deutschland. Meine Eltern haben früher in Deutschland gearbeitet. Ich konnte meinen Vater überreden, mich nach Deutschland gehen zu lassen. Zwei Monate habe ich bei der Familie eines Freundes meines Vaters gelebt. Mein Vater war zufrieden. Er konnte mich jederzeit erreichen und wußte, die Familie seines Freundes paßt auf mich auf. Als ich von dort ausgezogen bin, gab es Streit. Mein Vater hat sechs Monate lang nicht mehr mit mir geredet. Wenn er am Telefon meine Stimme hörte, hat er einfach aufgelegt.

In den ersten Monaten in Deutschland habe ich zehn Stunden pro Tag Deutsch gelernt. Ich habe eingesehen, daß sich die Leute nicht darum bemühen, mich zu verstehen. Ich mußte lernen, mich so auszudrücken, daß sie verstehen, was ich meine, und ich mich mit ihnen unterhalten konnte. Dann war ich sehr schnell integriert.

Ich bin jetzt zehn Jahre in Deutschland. In den letzten Jahren habe ich immer mehr Deutsche kennengelernt, die etwas gegen Ausländer haben oder die wirtschaftlichen Probleme in Deutschland mit der Anwesenheit von Ausländern begründen. Vorher war das nicht so. So etwas habe ich früher von Deutschen nie gehört. Aber jetzt werden solche Redensarten immer häufiger. Dieser Stimmungswechsel macht mich betroffen. Wenn jemand meint, mich darauf hinweisen zu müssen, daß ich auch anderswo und nicht nur unbedingt in Deutschland leben und arbeiten kann, werde ich wütend. Dann reagiere ich ziemlich temperamentvoll, obwohl ich eigentlich ein ganz ruhiger Typ bin.

HAITI

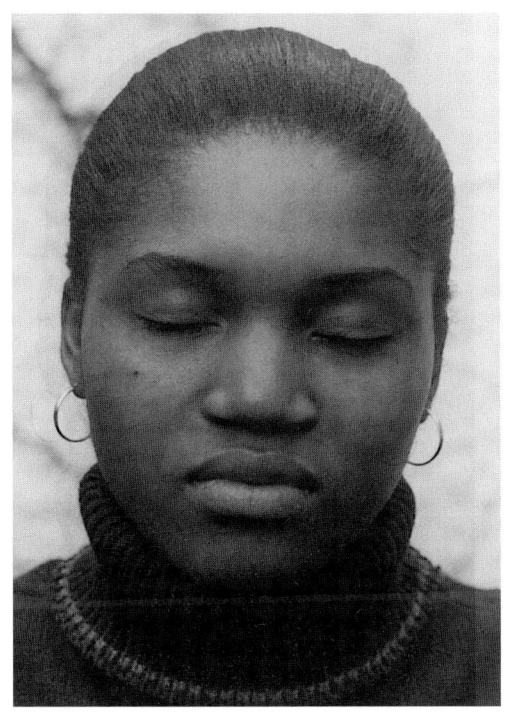

Mwen ta renmen you jou
Ké tout ayisyen mété tèt
yo ansanm. Paské si sé pa
sa péyi nou an ap finn
dégradé. Sé pou nou apprann
bliyé sa ki té pasé. Gadé
sa ki dévan nou.

Constant Cellinie

*Ich wünsche mir, daß sich alle Haitianer eines Tages einig werden,
weil unser Land durch Uneinigkeit zugrunde gerichtet wurde.
Wir müssen lernen, die Vergangenheit ruhen zu lassen.
Wir müssen lernen, in die Zukunft zu blicken.*

Ich wußte von Deutschland nur, daß es besser ist als Haiti, daß es in Deutschland mehr Sicherheit gibt. In Köln habe ich mich von Anfang an wohl gefühlt. Aber ich möchte nicht mein ganzes Leben hier verbringen. Das sage ich immer. Ich weiß nicht, warum ich nicht hier bleiben will. Ich hatte immer diesen Gedanken, nicht bleiben zu wollen, im Kopf. Ich sage nicht, ich werde unbedingt nach Haiti zurückgehen. Ich weiß nur, daß ich nicht in Deutschland bleiben will. Zuallererst vermisse ich die Sonne. Und ich gehe niemals aus hier. Ich bleibe immer zu Hause. Ich habe Schulfreunde und bekomme Einladungen. Aber auszugehen interessiert mich nicht richtig. Ich kann mit den Leuten hier nicht umgehen. Ich weiß nicht, warum. Ich kann die Mentalität nicht verstehen. Ich glaube, ich denke anders.

Als ich nach Köln kam, war ich 14 Jahre alt. Ich war viel ernster, irgendwie erwachsener als meine Klassenkameraden. Ich war kein Teenager. Die Leute in meinem Alter kamen mir viel jünger vor, wie Kinder, die nur ans Spielen denken, daran, sich zu amüsieren, und nicht an etwas wirklich Wichtiges. Ich hatte andere Sachen im Kopf. Ich hatte im Kopf, daß ich etwas für mein späteres Leben machen will, etwas, was mich weiterbringt. Damit wollte ich sofort anfangen. Ich wollte in der Schule etwas lernen, jetzt will ich studieren, dann arbeiten und eine Familie gründen. Es gibt Leute in meinem Alter, die sagen: »Jetzt habe ich noch keine Zeit, an eine Familie zu denken. Dazu ist es noch viel zu früh. Erst einmal muß ich an mich selber denken.« Das empfinde ich nicht so. Für mich gilt, was meine Eltern sagen. Sie sagen immer: »Lern, was Du willst, mach, was Du willst, aber mach etwas Gutes im Leben.«

INDIEN

ਜਮ ਲਈ ਤਪ
ਬਗ ਨਗੀ ਬੋਇ।
ਭਇਆ ਭਇਆ ਸਭ ਜਗ ਰੋਂ
ਬਗ ਰੋ ਜਾਨ ਬੋਇ।

Sewa Singh.

Ich bin nicht gut.
Niemand ist schlecht.
Alle sagen, sie seien gut.
Kein Mensch auf dieser Welt ist schlecht.

Wir Sikhs wollten von Indien unabhängig sein. Wir wollten einen eigenen Staat, der Khalistan heißen sollte. Wir haben immer Streiks organisiert. Die Polizei hat uns verfolgt. Wir konnten uns immer verstecken. Aber dann kam mein Name raus und das Dorf, in dem ich gewohnt habe. Einmal hat die Polizei meine ganze Familie festgenommen, auch meine Eltern. Deshalb mußte ich weggehen. Von Neu-Delhi konnte ich nicht abfliegen. Ich wurde ja von der Polizei gesucht. Ich bin erst einmal auf dem Landweg nach Nepal, nach Katmandu, gefahren und von Katmandu nach Kalkutta. In Kalkutta hatte ich Angst, daß sie mich verhaften würden, aber das ist nicht passiert. Von Kalkutta bin ich nach Thailand geflogen und von Thailand weiter nach Polen. Von Polen bin ich mit dem Zug in die frühere DDR nach Ostberlin gefahren. Ich habe nur so eine kleine Tasche bei mir gehabt. Die habe ich auf dem Bahnhof in Ostberlin in einem Schließfach gelassen. Ich war so müde. Ich habe auf dem Bahnhof geschlafen. Aber die DDR-Polizei hat mich gefunden und mich mit den Füßen getreten. Die Volkspolizisten haben mich weggeschickt zur U-Bahn nach Westberlin. Von Westberlin bin ich aber wieder nach Ostberlin zurückgefahren. Ich mußte meine Tasche aus dem Schließfach holen. Dann bin ich wieder nach Westberlin. Ich habe irgendwo in den Büschen geschlafen, ohne Decke. Mir war so kalt. Ich kam doch aus der Wärme. Ich hatte noch ein paar Dollar in der Tasche und habe mir eine Fahrkarte nach Frankfurt gekauft. Nach Köln bin ich gekommen, weil ich in Frankfurt auf dem Bahnhof niemanden getroffen habe, der mir weiterhelfen konnte.

Von Deutschland wußte ich überhaupt nichts. Ich dachte, die Leute hier verstünden Englisch. 14 Jahre habe ich in Köln im Tief- und Straßenbau gearbeitet. Deshalb mußte ich meine Haare und meinen Bart abschneiden lassen. Ich habe immer fleißig gearbeitet. Was soll ich in Indien? Eine Arbeit finde ich da sowieso nicht. Meine Kinder sind hier geboren. In Deutschland gibt es gute und schlechte Menschen, wie überall auf der Welt. Ich bin auch manchmal gut und manchmal schlecht. Aber manchmal kriegt man auch Angst vor dem Leben.

INDONESIEN

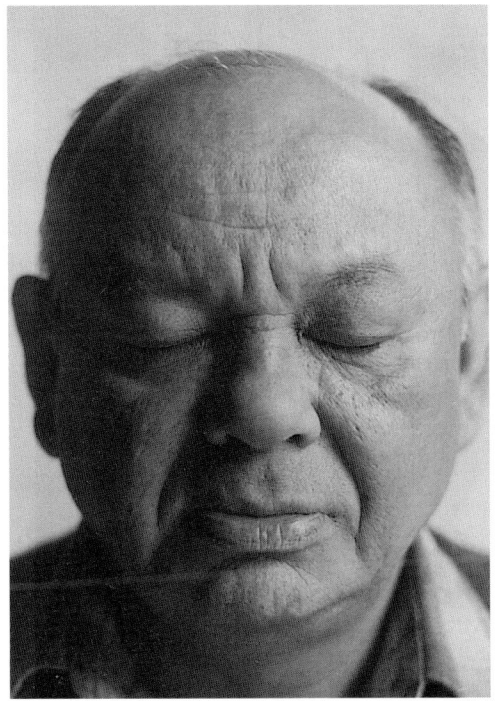

Saling menghormati,
saling menghargai,
saling mencintai.

Hisman

23. 5. 1998.

*Respekt, die Achtung der Menschenwürde
und ein liebevoller Umgang miteinander!*

Ich bin Diplomat von Beruf. Unter unserem ehemaligen Präsidenten Sukarno habe ich in Mali als Privatsekretär des indonesischen Botschafters gearbeitet. 1965, nach Sukarnos Sturz, rief mich die neue Regierung unter General Suharto nach Hause zurück. Ich war mit Suhartos Regime nicht einverstanden. Ich wußte, wenn ich der Aufforderung, nach Indonesien zurückzukehren, Folge leistete, würde ich im Gefängnis landen. Ich habe Mali verlassen und mich in verschiedenen anderen Ländern aufgehalten.

1974 bin ich nach Deutschland gekommen und habe politisches Asyl beantragt. Ich wollte endlich wieder festen Boden unter den Füßen spüren und mir eine neue Existenz aufbauen. In den ersten Monaten habe ich in Hamburg Sozialhilfe bezogen. Aber ich wollte arbeiten. Ich bin zum Arbeitsamt gegangen und habe nach Arbeit gefragt. Man bot mir eine Stelle an als Abräumer in einem Selbstbedienungsrestaurant und fragte mich: »Nehmen Sie diese Arbeit an?« »Ja«, habe ich geantwortet, »warum nicht?« »Aber wenn Sie arbeiten, verdienen Sie nur 850,- DM monatlich. Der Sozialhilfesatz liegt höher. Momentan beziehen Sie im Monat 1200,- DM«, erklärte man mir. »Aber es ist doch besser zu arbeiten«, habe ich gesagt. Ein paar Monate habe ich in dem Selbstbedienungsrestaurant die Teller von den Tischen geräumt. Dann bin ich aufgestiegen. Ich wurde als Tellerwäscher in die Küche versetzt, und kurze Zeit später stand ich am Buffet. Am Buffet entdeckte mich der Chefkoch vom Restaurant, das auf der zweiten Etage über dem Schnellrestaurant lag. »Komm mal rauf auf die zweite Etage«, sagte er zu mir. »Warum?« habe ich gefragt. »Du sollst bei mir in der Küche arbeiten«, antwortete er. »Aber das kann ich doch nicht«, habe ich gesagt. »Doch«, meinte er, »Du kannst das.« Ich bin nach oben gegangen, habe kochen gelernt und zwei, drei Jahre als Koch gearbeitet. Dann eröffnete der Restaurantbesitzer eine Kette von Grillrestaurants. Er sagte: »Du wirst jetzt Assistent meines Geschäftsführers.« Also bin ich Assistent des Geschäftsführers geworden und habe die Grillrestaurants und die Qualität der Haxen und Braten und was sonst noch so auf der Karte stand kontrolliert.

Ich habe immer Heimweh nach Indonesien gehabt. Aber gefahrlos in mein Heimatland reisen konnte ich erst wieder 1990, nachdem ich deutscher Staatsbürger geworden war.

IRAK

ژیان وه‌كو سه‌فه‌ڕێك وایه كه‌ به‌چاوی سه‌رسوڕمێدر و
نوێگه‌ڕیش، سه‌یری ئه‌وێنی سه‌فه‌ڕه‌كه‌ی ده‌كرێت،
جار به‌ چاوبینی گرژ و توڕه‌یی ناڕه‌زوو، جار
به‌ دڵخۆشی و مرتاڵی، جاریش پێكه‌نین و یاگریان...
گرنگ لێره‌دا هه‌ر ئه‌وه‌م چاوكراوه‌و و وشیاڕ له‌
ژیان و ده‌وروبه‌ره‌كه‌ی بڕوانێت...

نه‌بز   كۆڵن ٢٦/١١/١٩٩٨

*Das Leben ist wie eine Reise,
auf der man dem Ziel neugierig und staunend entgegensieht.
Manchmal betrachtet man das Leben mit verbissenem und
unzufriedenem Gesicht,
manchmal mit Freude und innerer Gelassenheit,
manchmal mit Lachen und Weinen zugleich.
Wichtig ist, sich dem Leben und allem, was dazu gehört,
mit offenen Augen und vollem Bewußtsein zu stellen.*

Nach acht Jahren bin ich zum ersten Mal wieder in den Irak zurückgekehrt, illegal natürlich. Ich wollte meine Familie wiedersehen. Aber ich habe gemerkt, daß ich zu meinen Leuten nicht mehr dazu gehöre, daß ich ein Fremder geworden bin in meinem eigenen Land. Die Bilder der Erinnerung, die man im Kopf mit sich herumträgt, sind immer schöner und bunter als die Wirklichkeit. Ich bin nach Deutschland zurückgekommen mit dem festen Vorsatz, mir mein Leben ohne die Perspektive einer Rückkehr einzurichten. Vorher habe ich immer mit dem Gedanken an die unter veränderten politischen Bedingungen mögliche Rückkehr gelebt. Heute habe ich keine Sehnsucht mehr. Ich bin ein anderer Mensch geworden. Mein Zuhause ist jetzt in Köln.

IRAN

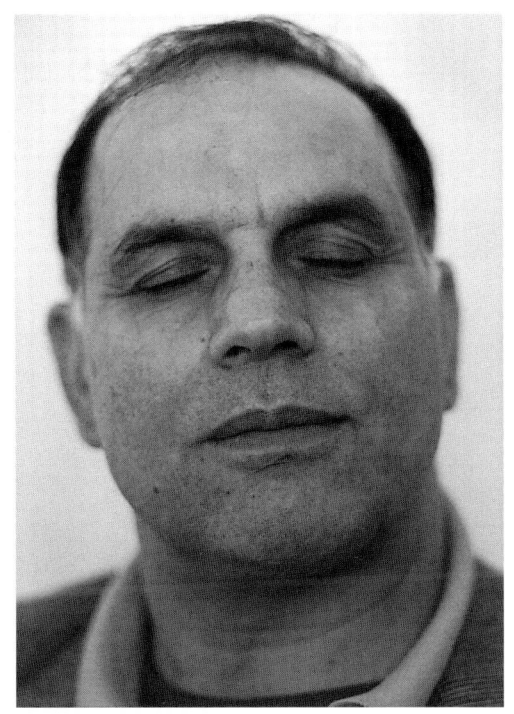

ایران بزرگ بود و قوی بود و سرفراز
گنجور در تواریخ بدانی تاریخ را بخوان
دنیایی باستانی، از شرق تا غرب
زیر درفش ایران می زیست در امن
غمناک و اندُهم از اینجا ملک سرفراز
امروز سرافکنده و خوار است و نَژَند
آری چو فَرَّ خدایی از این تخت ملّی
کاهش همی فزود شد و راه بَد الکان
لعنت همی فرستم بر جَهل و بر نفاق
کز این دو هست بر چهره ما در بدی نشان
طفلی که گربه کُنی

Wenn Du den Namen des Landes Persien hörst, sollst Du wissen,
daß Persien einst ein großes, mächtiges Reich war.
Wenn Du es nicht weißt, erinnere Dich an seine Geschichte.
Das alte persische Reich reichte von Westen bis in den Osten,
und unter seinen Bewohnern gab es Ruhe und Zufriedenheit.
Es ist demütigend, wenn wir uns nach einer solch ruhmreichen
Vergangenheit heute erniedrigt fühlen und traurig sind.
Ein Volk, das seine Geschichte kennt und sich seiner Identität
bewußt ist, läßt sich nicht unterjochen.
Verdammt sein sollen Unwissenheit und Uneinigkeit. Sie sind die
Ursachen für alle Übel, die wir in der Gegenwart beklagen.
Ta Ati Gilani, geb. 1919

Technik hat mich schon als Kind fasziniert. Deshalb wollte ich unbedingt Ingenieur werden und in Deutschland studieren. Im Iran war Deutschland das Land der Technik. Die Beziehungen zu Deutschland waren immer gut, auch während der Nazi-Zeit. Aber die meisten Iraner haben über Hitler, den Holocaust und den Zweiten Weltkrieg kaum etwas gewußt. Für sie war Deutschland der Inbegriff der Technik. Die Deutschen wurden bewundert dafür.

Als ich Anfang 1969 nach München kam, habe ich in Deutschland eine Armut gesehen, die es bei uns nicht gab. Armut bedeutete im Iran, genug zum Leben, aber keinen Luxus zu haben. Soziales Elend gab es bei uns nicht. Was uns fehlte, war politische Freiheit. Am dritten Tag in München war ich mit einem Freund im Bus unterwegs. Ein gutgekleideter älterer Iraner mischte sich in unser Gepräch. Er sagte mir, ich solle nicht in München, sondern in Österreich, in Graz, studieren. Ein paar Tage später drückte er mir ein Empfehlungsschreiben für die Technische Hochschule in Graz in die Hand. Dieser freundliche Herr ist Jahre später nach der Revolution im Iran hingerichtet worden. Ich habe tatsächlich in Graz studiert, aber nebenbei in Deutschland, auch in Köln gearbeitet. In Österreich gab es kaum Studentenjobs. 1975 habe ich in Köln einen Zusatzstudiengang für tropische Länder belegt, immer im Hinblick auf meine Rückkehr in den Iran. 1979, nach dem Sturz des Schah, war ich dann noch einmal im Iran, aber nur für zehn Tage. Ich war mit diesen Parolen »Nieder mit dem Schah« nicht einverstanden, obwohl der Schah ein Despot war. Wir wollten eine demokratische Regierung nach westlichem Muster. Damit sind wir gescheitert.

Angst habe ich zum ersten Mal in meinem Leben nach den Brandanschlägen in Rostock bekommen. Danach ist so vieles passiert. Es hat Tote gegeben. Aber die Zukunft sehe ich nicht so dramatisch. Deutschland hat durch die Hitler-Zeit weltweit einen schlechten Ruf und steht international unter dem Druck, seine Demokratie beweisen zu müssen.

IRLAND

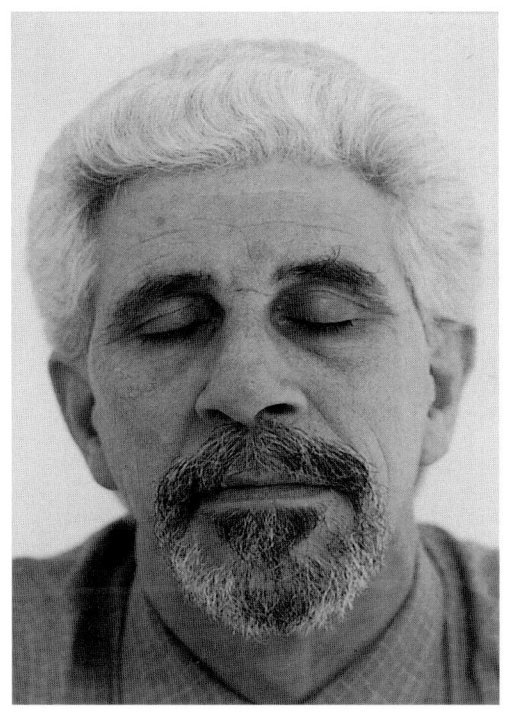

Go n-eirí an bothar leat!
B. Bulat

Möge sich die Straße vor Dir auftun.

Ich glaube, für die Deutschen sehe ich nicht aus wie ein typischer Ire. Die meisten halten mich für einen Südländer oder denken, ich käme aus dem Iran oder dem Irak, irgendwoher aus dem Orient. Wenn die Leute erfahren, daß ich Westeuropäer und dazu noch Ire bin, reden sie gleich in einem ganz anderen Ton mit mir. Dann behandeln sie mich wie einen Gleichgesinnten, wie jemanden, der dazugehört.

Traditionell wandern wir Iren ja nach England, Amerika oder Australien aus. Ich habe Irland mit 19 Jahren aus Abenteuerlust verlassen. Wir waren acht Kinder zu Hause und meine Eltern konnten mir außer einer Fahrkarte nach London und guten Ratschlägen nicht viel mit auf den Weg geben. Von London aus mußte ich sehen, wie ich alleine weiterkam. Ich habe in England, Wales und später in Schottland gearbeitet und bin dann auf das Festland gezogen, zunächst nach Holland. Nach Deutschland bin ich gekommen, weil ich eine deutsche Frau, eine Kölnerin geheiratet, habe. Wir haben in Holland gewohnt und waren eigentlich schon auf dem Weg nach Australien. Aber schließlich sind wir in Köln regelrecht hängengeblieben, und als das zweite Kind kam, rückte Australien in immer weitere Ferne. Deutschland war eigentlich nie mein Ziel. In Irland haben wir öfter Geschichten von den fleißigen Deutschen gehört. Man erzählte uns, daß die deutschen Bauern auch noch aus dem kleinsten Fleckchen Erde Ertrag erwirtschaften würden, Land, das man bei uns einfach brachliegen ließ.

In den ersten Jahren habe ich geglaubt, der einzige Ire in Köln zu sein. Andere Iren habe ich erst wieder bei einer St. Patrick's Day-Feier der irischen Botschaft in Bonn getroffen, zu der ich eingeladen worden war. Zunächst dachte ich, die Botschaft habe einen Irrtum begangen. Ich habe die Botschaftssekretärin angerufen und nachgefragt. Nein, nein, erklärte sie, zum St. Patrick's Day sei ich herzlich willkommen. Die Feier fand in der Botschaftsresidenz statt. Erschienen waren viele deutsche Gäste, Botschaftssekretäre, ein paar Zeitungsreporter und ich. Wenn ich mich recht erinnere, waren der Botschafter, seine Sekretärin und ich die einzigen Iren. Damals, vor mehr als 20 Jahren, muß ich als Ire in Deutschland tatsächlich ziemlich einzigartig gewesen sein. Mittlerweile gibt es allein in Köln fünf oder sechs irische Pubs. Die sind vollgestopft mit Iren, die vor und hinter der Theke stehen.

ISLAND

Á þessum erfiðu tímum
verðum við að læra að
virða hvort annað & lifa í
sátt & samlyndi.

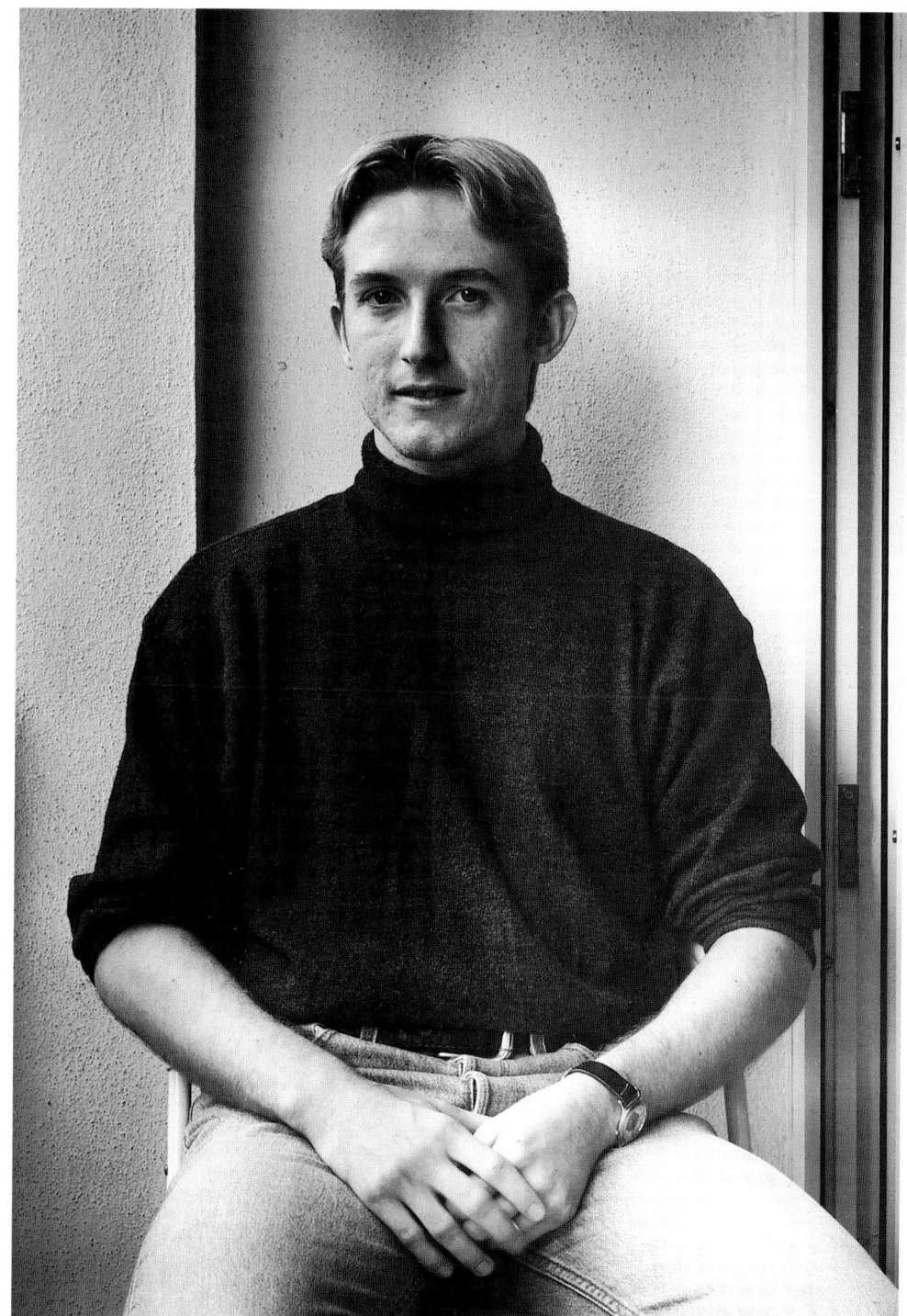

*In diesen multikulturellen Zeiten
müssen wir lernen,
einander zu respektieren und friedlich zusammenzuleben.
Hautfarbe, Religion und Herkunft dürfen dabei keine Rolle
spielen.*

In Island hatte ich schon von Köln gehört, daß die Kölner anders sind, offener und lebhafter als die Menschen in anderen deutschen Städten, daß in Köln mehr Menschen aus anderen Ländern leben und daß das in Köln kein Problem sei. Aber 1992 war die Situation heikel. Man hat einfach unheimlich viel erlebt, z.B. abends in der Straßenbahn. Es gab viele Probleme zwischen Deutschen und Türken. Mir ist dabei nicht viel passiert. Ich habe ja blonde Haare. Ich sehe so hell aus. Aber einmal, als ich hohe feste Schuhe mit Stahlkappen anhatte, die damals in Island in Mode waren, bin ich »energisch« zur Rede gestellt worden von einer Gruppe junger Türken. Ich habe erklärt, daß ich auch Ausländer sei, und ihnen meinen Ausweis gezeigt. Damit war das Problem aus der Welt, aber ich habe nach dieser Erfahrung öfter wieder normale Schuhe angezogen.

In Island sind die Menschen viel weniger aggressiv. Jeder hat Platz für sich. Wenn ich 15 Minuten zu Fuß aus der Stadt laufe, kann ich ganz alleine sein. Wenn man hier aus dem Fenster blickt, sieht man gleich bei den Nachbarn rein. Alles ist so eng. Deshalb streiten sich die Leute wahrscheinlich so oft über Kleinigkeiten, einen Parkplatz oder irgend etwas im Garten des Nachbarn, das sie stört. So etwas geschieht bei uns viel seltener. Man kennt sich auch viel besser untereinander.

In den letzten Jahren sind einige Thailänder nach Island gekommen. Sie eröffnen Restaurants oder Schnellimbisse. Viele sind es nicht. Aber wir Isländer sind ja nur 273000 Menschen. Wir sind so wenige, daß man gleich merkt, wenn Fremde dazukommen. Ich glaube, die Thailänder werden bei uns freundlich aufgenommen. Ich habe noch nie etwas Negatives gehört. Man ist immer freundlich in Island. Außerdem gehen viele Isländer ins Ausland, um zu studieren, oder machen Urlaubsreisen in fremde Länder. Wir wünschen uns, im Ausland genauso freundlich aufgenommen zu werden, wie wir zu Hause andere empfangen.

ISRAEL

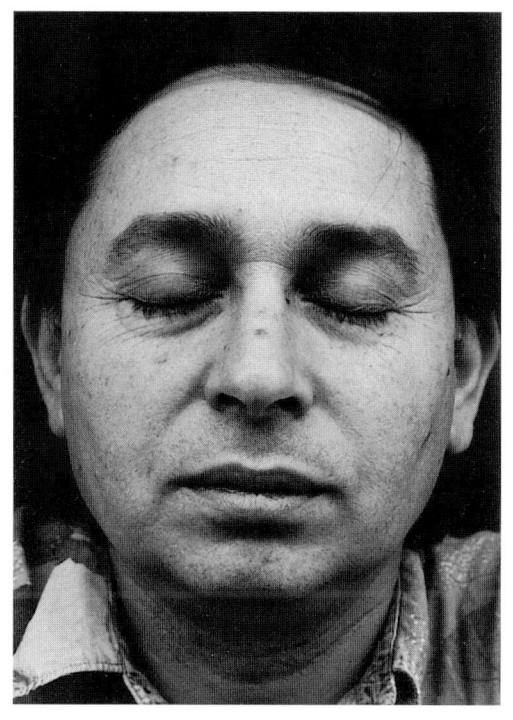

הלו הצלם היקר
שלוח הלו כי רצי גם הלו הלו היה
היה היה שם וגם קצת שילו דעת
ובכל הזמנות המלט שילות בכל את
כן הסבר
הלו הלו היה דלו בן-דן!
בברכה הלילה 1969
אהרון ישראל
מיכאל יוסף

Er wachte auf.
Plötzlich wußte er nicht mehr, wo er war.
Das Meer war still. Kleine Kinder spielten im Sand und bauten Paläste.
Die Erwachsenen unterhielten sich leise oder lasen ein Buch.
Vielleicht war er für eine Weile im Paradies!
geschehen Anfang 1969 in Aschkelon / Israel!

Ich bin in Erez Israel, in Palästina geboren, zwei Monate vor der Gründung des Staates Israel. Also bin ich eigentlich auch ein »Palästinenser«. Es ging mir nicht gut in Israel. Ich komme aus armen Verhältnissen. Ich fühlte mich angezogen von der deutschen und der europäischen Kultur. Ich hatte deutsche Sprachkenntnisse. Bei uns zu Hause wurde Deutsch und Jiddisch gesprochen. Nach Deutschland auszuwandern war einfach. Ich habe gedacht, in Deutschland könnte ich besser leben als in Israel. Die deutsche Vergangenheit habe ich verdrängt. Ich will aber hinzufügen, daß ich zu Anfang immer unangenehme Gefühle bekam, wenn ich einen Zug vorbeifahren hörte. Um die Fremdheit habe ich mir keine Sorgen gemacht. Ich habe gedacht, ich habe blaugraue Augen und werde gepflegt aussehen und bekomme meinen Lohn und werde keine Probleme haben in Deutschland. Aber so einfach ist das nicht. Da muß schon alles gebügelt und sauber und die Schuhe müssen in Ordnung und das Auto muß das letzte Modell sein. Man muß sich anpassen in Deutschland. Arme Leute werden hier nicht gebraucht. Viele Menschen kommen nach Deutschland aus Begeisterung und Bewunderung für die deutsche Ordnung und dieses »made in Germany« und all das. Sie haben es nicht verdient, schlecht behandelt zu werden. Am schlimmsten ist die Situation für einen Ausländer in Deutschland, wenn er ignoriert wird. Nichtbeachtung ist eine Strafe. Ich glaube, nicht beachtet zu werden ist die schlimmste Sache, die einem Menschen in seinem Leben widerfahren kann. Das steht, meine ich, auch auf Shakespeares Grab.

Ich wollte in Deutschland kein großes Geld verdienen, nur ab und zu mal ins Theater und ins Konzert gehen. Das ist bis heute nicht geschehen. Ich war noch niemals in einem Konzert und nur ein einziges Mal im Theater. Dazu fehlt mir die Seelenruhe. Reich bin ich in Deutschland nur an Erfahrungen geworden.

ITALIEN

Alla mia TERRA
che sono io
mi manchi e sento
che sei mia
Sei lontana ma
 sempre più vicina
Ti porto con me e ti spargo nel mondo
e diventi sempre più grande e amata
anche altrove si troverà un pò di te

Franco Bacchiddu

AN MEIN LAND

das ich selbst bin,
das mir fehlt
und von dem ich spüre,
daß es in mir ist.

Du bist weit weg,
aber ich spüre Dich nah bei mir
und verteile Dich über die ganze Welt,
damit Du blühst und gedeihst
und andere auch etwas von Dir haben,
damit Du überall bist!

Es hat sich so ergeben, daß ich nach Deutschland gegangen bin. Ich hatte einen Freund in Deutschland und war in einer Situation, in der ich einfach wegrennen wollte von zu Hause aus Angst vor einer festen Beziehung mit einer Frau. Ich weiß noch, daß der erste deutsche Satz, den ich vor Deutschen aussprechen konnte, mir ein ganz anderes Lebensgefühl gab. Und dann, die 70er und die 80er Jahre, die gingen vorbei wie im Rausch, ohne Probleme wie heute. Wir waren viel bequemer. Wir haben gedacht, wir könnten unseren Weg durchs Leben tanzend und schwingend zurücklegen.

Ich habe mich in Deutschland nie als Ausländer gefühlt. Ich habe geweint, als ich damit jetzt, vor kurzem erst, konfrontiert wurde, nach 20 Jahren, in denen ich mir mein Leben hier aufgebaut habe. Es ist die Situation, die Menschen verändert. Man muß rechtzeitig etwas tun, bevor man in die Krallen eines Mechanismus kommt, der nicht mehr zu kontrollieren ist. Im Unterbewußtsein habe ich diese Veränderung schon vor zwölf oder 15 Jahren gespürt. Die Leute haben zu mir gesagt: »Mein Lieber, Du bist aber ganz nett pessimistisch.« Aber ich glaube, ich habe mein eigenes Schicksal vorausgespürt. Das war vorherbestimmt. Dabei habe ich nie schlechte Erfahrungen in Deutschland gemacht, nur einmal, und das ist noch gar nicht so lange her. Aber ich glaube, der Mann, der mich beim Einkaufen auf dem Wochenmarkt beschimpft hat, ist viel schlechter dran als ich. Ich kann seinen Frust irgendwie verstehen, das Gefühl, im Leben unten zu stehen, auf einer ganz niedrigen Stufe.

JAMAIKA

My dream someday in the future is to have a home in my country, a family, good health and a happy life. Also I hope one day to open a children home for homeless kids and do hope this dream come thru, because I have a lot of love and energy that I can give to others.

Angela Ferguson

*Ich träume davon, irgendwann in der Zukunft wieder in meinem
Heimatland zu Hause zu sein, und von einer Familie, Gesundheit
und einem glücklichen Leben.
Außerdem hoffe ich, daß es mir gelingt,
eines Tages ein Kinderheim für Straßenkinder einzurichten.
Ich wünsche mir sehr, daß dieser Traum in Erfüllung geht.
Ich besitze viel Liebe und Energie, die ich an andere weitergeben
möchte.*

Am Anfang bleiben manche Deutsche auf Distanz und gucken mich an und überlegen. Wenn sie mich kennengelernt haben, sagen einige zu mir: »Ach, ich habe gedacht, daß Sie irgendwie kalt und überheblich sind. Sie sind ein ganz anderer Mensch, als ich es mir vorgestellt habe. Sie sind sympathisch, locker und lustig.« Große Probleme habe ich in Deutschland noch nie gehabt. Manchmal sind die Leute schlecht gelaunt und sagen irgend etwas Unfreundliches. Darauf reagiere ich nicht. Sorgen über Rassismus in Deutschland mache ich mir nicht. Wenn da etwas hochkommt und in eine bestimmte Richtung geht, so, daß ich weiß, daß ich es nicht mehr aushalten kann, kehre ich in mein Heimatland zurück. In Jamaika gibt es auch Rassismus, aber nur ganz wenig. Das hat nichts mit Schwarz und Weiß zu tun. Das passiert manchmal zwischen Indern und Schwarzen oder zwischen Schwarzen, wenn der eine heller ist und der andere etwas dunkler. Dann sagt der, der heller ist: »Ach ja, mal wieder typisch Neger.« Aber das macht mir nichts aus. In Jamaika wissen wir, daß wir alle die gleiche Abstammung haben. Deshalb ist es ganz in Ordnung, so zu reden.

JAPAN

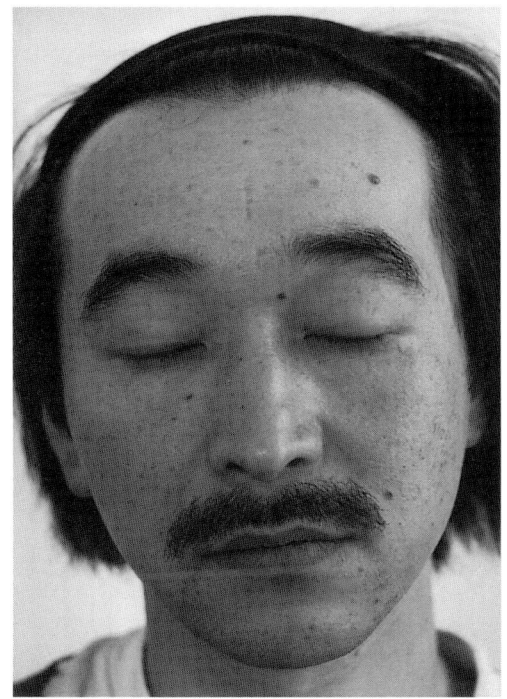

"知"

Elementares beruht auf Banalem.

Unsere Tochter heißt Mariko. Als ich den Namen auf dem Kölner Standesamt in die Geburtsurkunde eintragen lassen wollte, sagte mir die zuständige Standesbeamtin, Mariko ende auf -o , Mariko sei ein Jungenname. Es gibt aber viele Mädchennamen, die auf -o enden. Außerdem hatte die japanische Botschaft bescheinigt, daß Mariko ein typischer japanischer Mädchenname ist. Das wollte die Standebeamtin nicht akzeptieren. Meine Tochter bekäme später Probleme mit solch einem Namen, sagte sie, ich solle mit meiner Frau wiederkommen. Meine Frau würde das verstehen. Mein Frau sei schließlich Deutsche. Ich habe dann mit Lehrern gesprochen und mit Schulkindern. Die haben mir gesagt, japanische Namen seien in Deutschland richtig in Mode, auch im Fernsehen. Aber die Standesbeamtin wollte einfach recht behalten. Sie kann tun, was sie will. Als Standesbeamtin ist sie nicht weisungsgebunden. Solche Personen gibt es in Japan nicht. Auf der japanischen Botschaft erzählte man mir später, nur in Köln gäbe es immer wieder Probleme mit japanischen Namen. In anderen Städten habe man damit keine Schwierigkeiten.

Ich vertrete meinen Standpunkt immer als Japaner. Manchmal ist das schwierig, z.B. im Supermarkt, wenn mir von hinten eine Frau mit dem Einkaufswagen in die Hacken fährt und dabei »Achtung!« ruft. Aber nicht ich, sie muß doch aufpassen, wohin sie ihren Einkaufswagen lenkt. Japan hat sehr viel von Europa übernommen. Ich bin mit diesen Einflüssen aus Europa aufgewachsen. Aber jetzt glaube ich, daß es besser ist, wenn ich mich an japanischen Grundgedanken orientiere. Deutschland und Europa sind für mich wie überreifes Obst. Verglichen damit sind Japan und auch Korea gerade erst so richtig reif gewordene Früchte. Obst kann man wegwerfen, aber für Europa muß eine Methode gefunden werden, um es zu bewahren, so wie man Obst in den Kühlschrank legt.

KAMERUN

Ne sinche si ngue a ha
Tu tü pe peck. Pin sinchi ngue
peuck won Tamche tack cho
Pin njèn dac pa tack cho
Tac ne pu gu o là njin pepon

h. de chedy

Mein größter Wunsch für eine bessere Zukunft:
daß wir begreifen, daß wir verschieden und doch gleich sind
und unsere Zukunft nutzen, um voneinander zu lernen.

Ich habe Kamerun verlassen, weil ich nach dem Tod meines Vaters – er war Fon, d.h. König der Bamendjou-Volksgruppe des Bamiléké-Volkes in Westkamerun – mein Erbe als Thronfolger nicht antreten wollte. Stattdessen beschloß ich, nach Europa zu gehen, worauf ich schon lange neugierig war. Ich habe in Spanien, in Madrid, studiert und lernte dort meine Frau kennen. Zwei Jahre später wollte sie nach Köln, nach Deutschland, in ihre Heimat zurückkehren. Weil wir beschlossen hatten zusammenzubleiben, war es selbstverständlich, daß ich sie begleitete. Mein erster Eindruck von Deutschland? Zunächst fiel mir auf, daß sich die Menschen auf der Straße so still wie in einer Kirche verhalten, und dann, daß hier vieles verboten ist, woran in Spanien niemand Anstoß nimmt, z.B. Wäsche aufzuhängen an einem Sonntag. In Deutschland zu heiraten erwies sich als nicht so einfach, wie wir es uns vorgestellt hatten. Nach acht Monaten »Papierkrieg« gaben wir auf und heirateten im Kamerun.

Nach unserer Rückkehr nach Köln machten wir uns auf die Suche nach einer Wohnung. Meine Frau vereinbarte telefonisch einen Termin mit einer gemeinnützigen Gesellschaft für Wohnungsbau. Die Verwalterin erklärte am Telefon, sie hätte zwei Wohnungen für uns zur Auswahl, wir sollten vorbeikommen und den Mietvertrag unterschreiben. Als wir ihr gegenüberstanden, fragte sie meine Frau unvermittelt: »Warum haben Sie mir nicht gesagt, daß Ihr Mann Ausländer ist?« und erklärte kategorisch: »Ihr Mann ist für dieses Haus unzumutbar. Ich lege keinen Wert auf Beschwerdebriefe von den Nachbarn.« Wir waren fassungslos. Sie verabschiedete uns mit den Worten: »Was regen Sie sich so auf? Das müssen Sie doch gewohnt sein.« Auf unsere Beschwerde reagierte die Wohnungsbaugesellschaft mit der Bitte, die ganze Sache nicht »überzubewerten«. Wir erhielten eine andere Wohnung.

KANADA

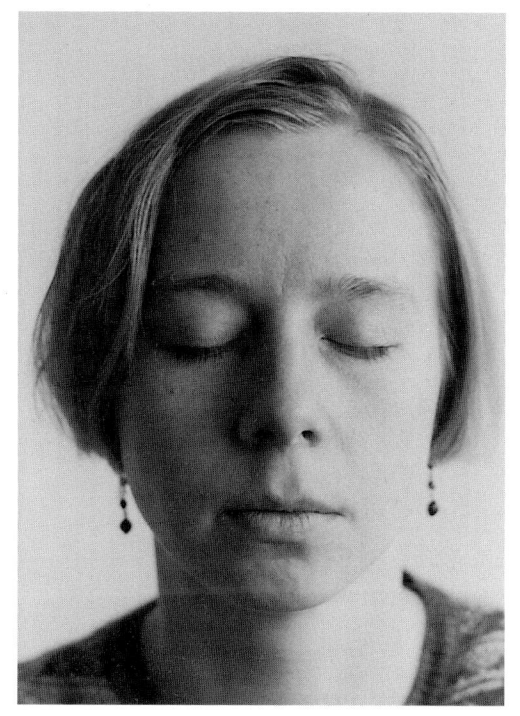

My dream is to live a
happy life full of family and friends.
I like people and wilderness and
languages and art. I would like to
have work that I enjoy and that I
can feel proud of. I would like to be able
to see what is going on in the world and
say what I think about it.

Noelle Aplevich

Mein Traum ist ein glückliches Leben, umgeben von Freunden und Familie.
Ich möchte auch eine Arbeit machen, auf die ich stolz sein kann.
Gern besäße ich die Fähigkeit,
die Welt zu betrachten, und was geschieht, zu durchschauen,
und zu sagen, was ich davon halte.

Ich würde gern Deutsch wie die Deutschen sprechen. Ich würde gern Zeitungen und Bücher lesen können und mich in Deutschland genauso zu Hause fühlen wie in Kanada.

Als ich vor vier Jahren zum erstenmal nach Deutschland gekommen bin, habe ich mich als Fremde gefühlt. Ich konnte kein Deutsch. Das macht sehr, sehr einsam. Ausländerin zu sein war mir unangenehm; nicht die Tatsache, daß ich Kanadierin bin, sondern das Gefühl, isoliert zu sein und nichts von dem zu verstehen, was hier, in diesem Land, passiert. Ich habe nicht verstanden, warum die Leute nicht genau die gleichen Einstellungen vertreten wie ich, warum für sie nicht selbstverständlich ist, was ich für selbstverständlich halte. Das hat mich geärgert. Deshalb bin ich an meine Situation nicht mit einer positiven Einstellung herangegangen. Heute fühle ich mich viel wohler in Deutschland. Was mich stört, sind bürokratische Probleme mit den Behörden, die damit zusammenhängen, daß Kanada kein Mitgliedsstaat der Europäischen Union ist und daß Leute zu mir gesagt haben, ich solle froh sein, Kanadierin und keine Schwarzafrikanerin zu sein. Das war so gemeint wie, Du kannst doch keine Probleme in Deutschland haben, Du bist doch Kanadierin, Du kommst doch nicht aus einem Land wie der Türkei oder aus Bosnien oder Afrika, wo die Leute von vornherein verdächtig sind. Das habe ich nur zwei- oder dreimal gehört, aber es hat sich mir eingeprägt, weil ich überrascht war, daß man so etwas ganz offen sagt. Aber ich befürchte, daß der einzige Unterschied zum kanadischen Denken darin besteht, daß solche Gedanken in kanadischen Köpfen versteckt bleiben. Ich fände es am besten, wenn man sein Zuhause frei wählen könnte, egal wo man herkommt.

KENIA

Tich matek ema kelo hawi.
Adiera ema jii ohero kod Luor.
Kinda ema onge holo ema gero dala.
Weche jii nyalo kelho dala moser,
kod winjruok - kiki ngato oher fitina-
P.J.O   M. Matas.

Ein guter Job bringt Glück ins Haus.
Die meisten Leute wollen Wahrheit und Respekt.
Wenn Du etwas machst, werde nicht müde, es zu tun,
damit etwas dabei herauskommt.
Es ist nicht gut, darauf zu hören, was die Nachbarn sagen,
sonst ist Dein Leben vertan.

Ich wollte nur drei Monate in Köln bleiben. Ich hatte in Kenia einen deutschen Mann aus Köln kennengelernt. Er sagte, ich solle ihn besuchen kommen in Deutschland. Eigentlich wollte ich nicht nach Deutschland. Aber er hat mir ein Flugticket geschickt. Und er hat immer angerufen und gesagt: »Wenn Du nicht zu mir kommst, komme ich zu Dir.« Ich weiß nicht, warum ich nicht nach Deutschland wollte. Ich hatte das Gefühl, das ist eine andere Mentalität und die deutschen Frauen könnten vielleicht wütend auf mich sein. Aber meine Mutter hat gesagt: »Dieser deutsche Mann ruft immer an. Und er hat das Ticket geschickt. Also flieg nach Deutschland. Wenn er kein guter Mann ist, kommst Du zurück.« Da bin ich geflogen. Als ich hier war, hat er mich sofort geheiratet. Aber er war kein guter Mann. Er hatte Probleme mit dem Finanzamt. Er hatte so viele Schulden und hat seiner ersten Frau keinen Unterhalt für die Kinder bezahlt. Von diesen Problemen hatte er mir in Afrika nichts erzählt. Er hatte auch keine Arbeit. Ich habe ihn gefragt: »Was ist deine Arbeit?« Er hat gesagt: »Ich gucke immer in die Zeitung. Ich suche Arbeit.« Aber er wollte nicht arbeiten, sonst hätte er Unterhalt zahlen müssen an seine erste Frau. Die Scheidung, das war sehr schwer.

Ich will jetzt nur noch arbeiten. Ich will jeden Morgen arbeiten gehen, dann habe ich das Gefühl, richtig zu leben. Wer arm ist in Afrika, der hat einfach keine Chance. Das ist in Deutschland viel besser.

KOLUMBIEN

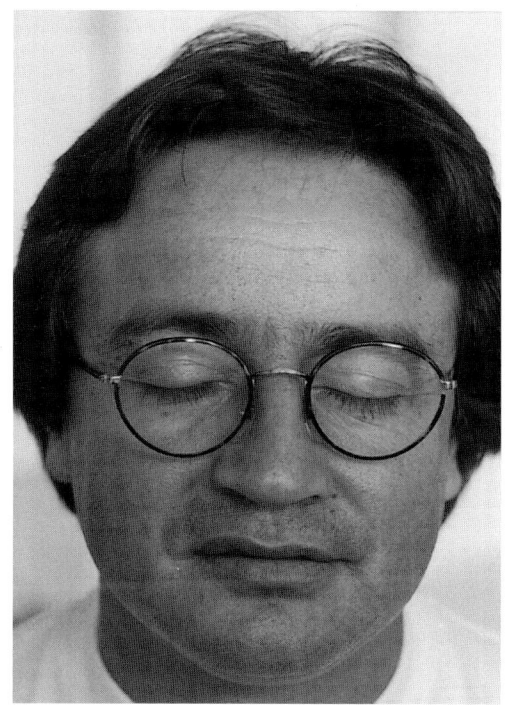

Estoy convencido que las
personas vienen a este mundo
buenas... solo la sociedad es
la los cambian, para bien o para mal.

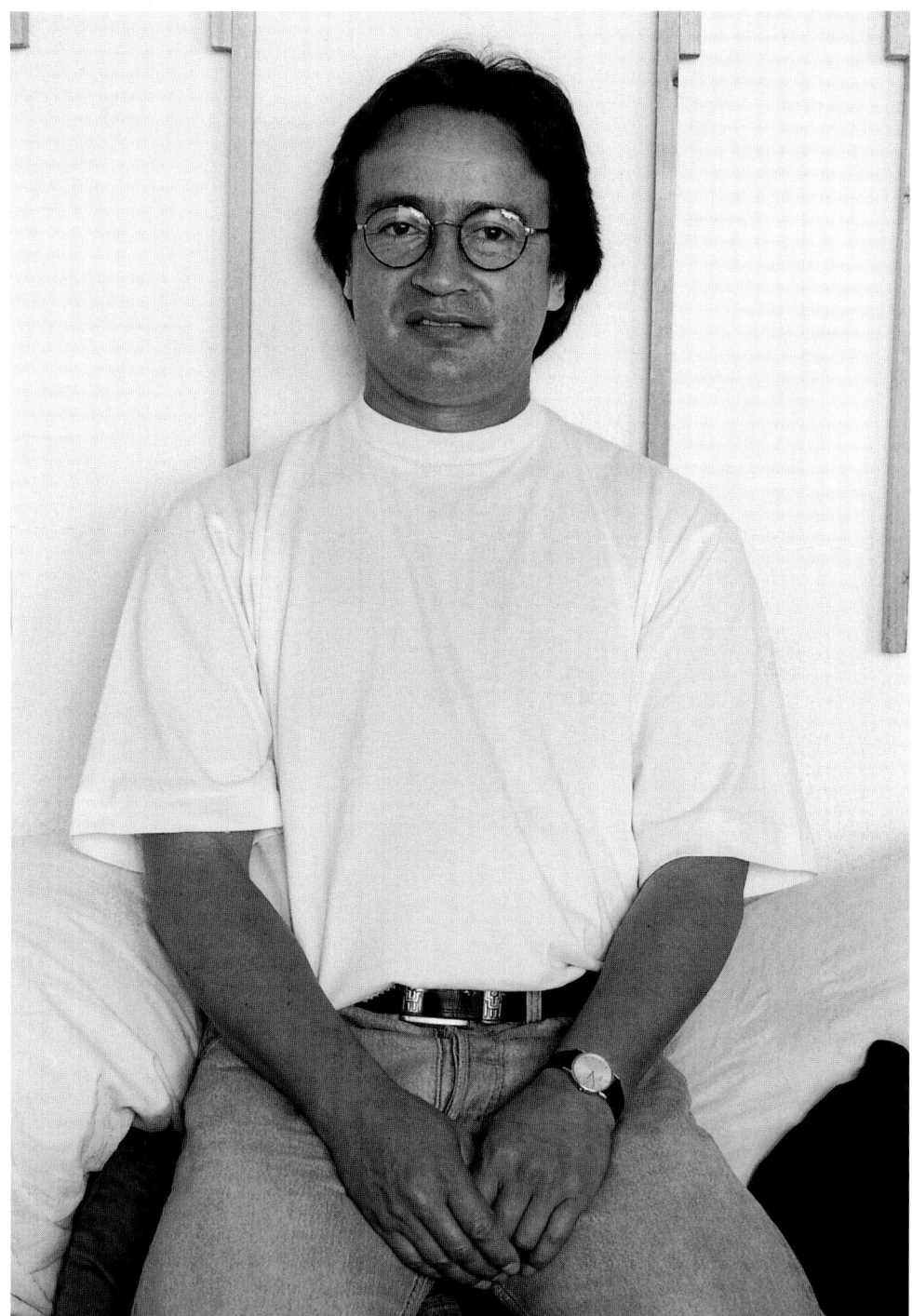

Ich bin überzeugt, daß alle Menschen mit guten Veranlagungen geboren werden. Es ist die Gesellschaft, die Menschen verändert.

Der wichtigste Grund für mich nach Europa zu gehen war, herauszufinden, was uns die amerikanischen und europäischen Medien in Südamerika ständig suggerieren: daß weiße und blonde Menschen intelligenter sind als wir. In Südamerika übernehmen wir eine ganze Menge von der westlichen Technologie und andere Dinge der sogenannten hochentwickelten Gesellschaften. Ich wollte wissen, was sind das eigentlich für Menschen, die das alles entwickelt haben? Was denken die sich, wenn sie für uns etwas konstruieren? Im Laufe der Zeit habe ich eine Antwort gefunden. Sie fällt ganz anders aus, als ich es mir in Kolumbien vorgestellt habe. Menschen, von denen ich geglaubt habe, sie müßten superintelligent sein, sind genauso wie wir. Menschen sind Menschen, überall auf der Welt. Nur, daß manche Menschen einen einfacheren Zugang zum Wissen haben und dadurch manchmal mehr und schneller lernen.

Mir hat schon in Kolumbien gefallen, daß die Deutschen, die ich dort getroffen habe, immer sehr korrekt waren. Ich schätze an Menschen, wenn ich mich auf sie verlassen kann. Die Deutschen waren darin immer ein Vorbild für mich. Deshalb habe ich mich entschieden, in Deutschland zu leben. Für mich war es nie wichtig, den Weißen gleich zu sein. Jeder Mensch hat seine eigenen Fähigkeiten.

KOMOREN

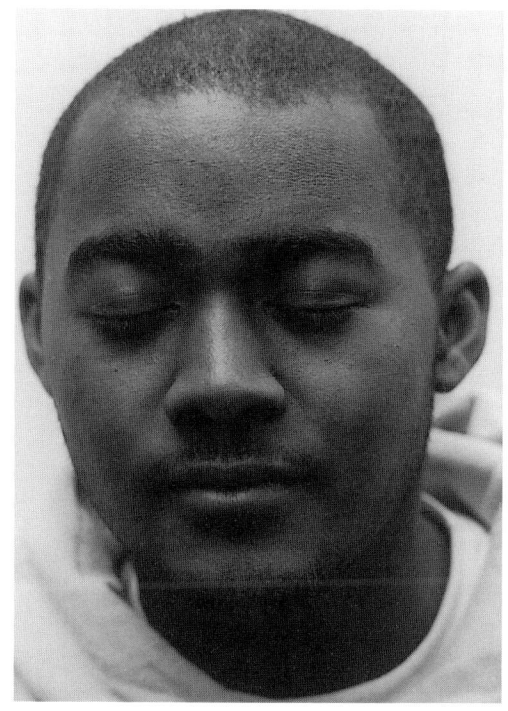

Ehikaya owandrou wa badili
mbina entsi ngaydzo oubadiliha.

*Nur wenn die Menschen ihre Einstellung ändern,
verändert sich auch das Leben in ihrem Land.*

Ich bin im Alter von elf Jahren in Köln auf das Hildegard-von-Bingen-Gymnasium gekommen. Ich war einer von zwei schwarzen unter insgesamt sechs- oder siebenhundert Schülern. In einer solchen Situation befindet man sich in einer gewissen Minderheitsposition, ganz klar. Das ist schwer. Ich habe keine Probleme damit gehabt, daß ich mich irgendwie diskriminiert gefühlt oder keinen Zugang zu den anderen gefunden hätte. Diese Minderheitsposition war auch keine Hautfarbenangelegenheit, auf keinen Fall. Aber man zeigt sich dir gegenüber einfach ein bißchen reservierter. Worauf du dich bemühst, dein Minderheitendasein dadurch auszugleichen, daß du dich anderen gegenüber mehr durchzusetzen versuchst oder Barrieren aufbaust, die es sonst nie gegeben hätte. Die wenigen Ausländer an unserer Schule haben sich zu einer Art Gemeinschaft zusammengeschlossen. Wir kamen alle aus verschiedenen Ländern und Kulturen. Türken, Iraner, Koreaner und wir beiden Schwarzen gehörten dazu. Wir haben untereinander Zusammenhalt gesucht und gefunden. Das bedeutet aber nicht, daß wir keinen Kontakt zu unseren deutschen Mitschülern gehabt und uns abgeschottet hätten.

Ich bin in Deutschland aufgewachsen. Aber es fällt mir schwer, meine Zugehörigkeit zu definieren. Ich fühle mich auf jeden Fall komorisch. Die Komoren sind meine Heimat, wenn auch eine ferne Heimt, zu der ich keinen regelmäßigen Zugang habe. Ein Besuch auf den Komoren, bei meiner Familie, bedeutet für mich auf eine gewisse Art und Weise, nach Hause zu kommen. Aber dann wieder hier, in Deutschland zu sein, ist auch ein Nachhausekommen. Ich würde niemals sagen, ich bin nur in Deutschland, um die Schule zu besuchen, zu studieren und meine Berufsausbildung zu machen. Beides, die Komoren und Deutschland, bedeutet Heimat für mich. Es ist schwierig, die Komoren und Deutschland gegeneinander auszubalancieren. Ich kann nicht sagen, welches Land mehr und welches Land weniger Heimat für mich ist.

KONGO

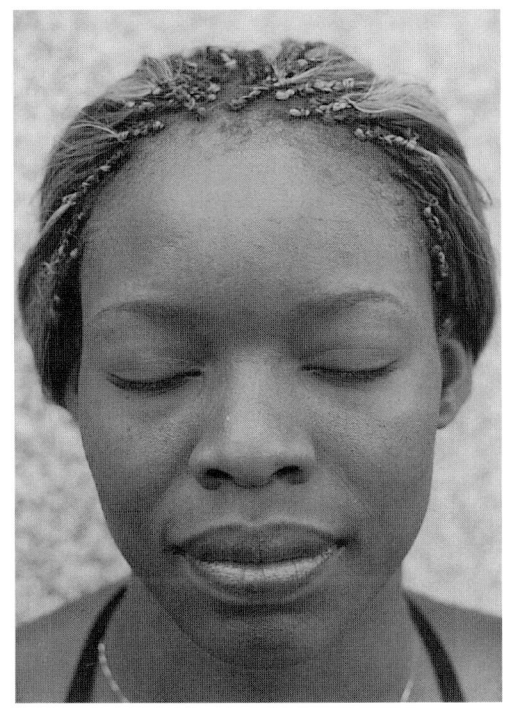

Mutu azali mapaya esika nioza na mokili.

Dorothée Wagner

Der Mensch ist überall auf der Welt Dein Freund.

Als ich nach Deutschland kam, habe ich mich nicht fremd gefühlt. Für mich ist es ganz normal, hier zu leben. Ich fühle mich in Deutschland zu Hause. Aber von den Deutschen werde ich als Fremde gesehen. Es könnte mir passieren, irgendwo auf der Straße verprügelt zu werden, nur weil ein paar junge Leute in mir eine Schwarze, eine Ausländerin oder eine Asylantin sehen. Das macht mich wütend. Die Leute fragen mich immer wieder: »Woher kommst Du?« und wollen wissen: »Ach, aus Afrika? Ja, wann gehst Du denn wieder zurück?« Dann sage ich: »Ich gehe zurück, wenn ich will.« Ich habe auch gar keine Lust, ewig in Deutschland zu bleiben. Meine Heimat ist Afrika. Aber ich darf in Deutschland leben, weil ich sowieso deutsch bin. Mein Stiefvater ist Deutscher. Er ist Entwicklungshelfer und lebt seit 20 Jahren in Afrika. Als ich ein Kind war, habe ich nie gemerkt, daß er nicht mein leiblicher Vater ist. Ich wußte nicht, warum er weiß ist, meine Mutter und ich ganz dunkel und meine Geschwister etwas heller sind. Ich habe ihn immer als einen ganz normalen Vater gesehen. In der Schule haben die anderen Kinder zu mir gesagt: »Oh, Du hast einen weißen Vater!« Ich habe geantwortet: »Mein Vater ist weiß, ja und?« Die anderen Kinder haben große Augen gemacht und gestaunt. Mit sieben oder acht Jahren hat mir meine Mutter dann erzählt, daß mein Vater nicht mein leiblicher Vater ist. Das macht für mich keinen Unterschied. In Afrika gibt es keine Diskriminierung zwischen Schwarz und Weiß. In Afrika kannst Du so sein, wie Du bist.

KROATIEN

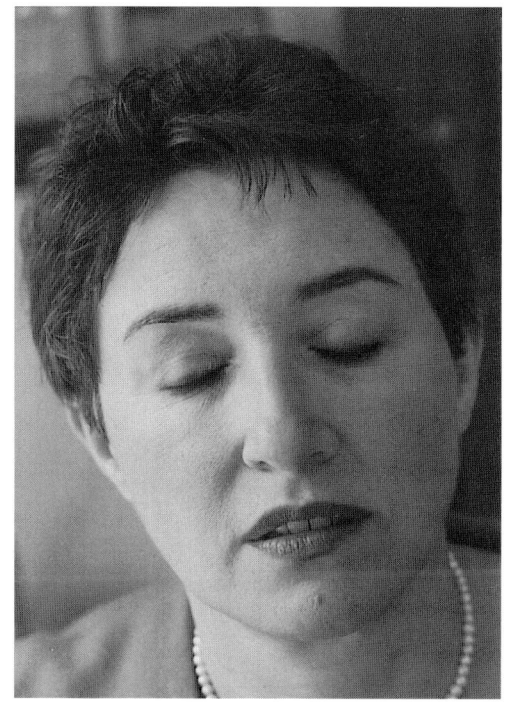

Koji je moj životni moto?
Mislim da je u tome najvažniji sklad
između želja i mogućnosti.
Jednostavnost, istina i ljubav
su glavne vrijednosti koje nastojim ostvariti u životu.
Prihvaćam sve što vodi ostvarenju tih vrijednosti,
iako put do njih nije uvijek lagan.
Sretna sam kad susretnem ljude
kojima su to iste glavne vrijednosti.
Vjerujem da je ljudska dobrota jača od zla.
Molim se za mir u svijetu.

Anita Kontrec

Mein Lebensmotto?
Ich glaube, das wichtigste im Leben ist, Wünsche und die Möglichkeiten ihrer Verwirklichung gegeneinander abzuwägen und dabei das Gleichgewicht zu behalten.
Ich bemühe mich, in meinem Leben Grundprinzipien wie Einfachheit, Wahrheit und Liebe zu verwirklichen. Ich bin mit allem einverstanden, was mir dabei hilft, aber es ist kein einfacher Weg. Ich bin glücklich, wenn ich Menschen treffe, die nach den gleichen Prinzipien leben. Ich glaube, daß das Gute im Menschen überwiegt. Ich bete für jeden einzelnen in der Welt.

Mein Sohn und ich haben die Zeit, die wir in Deutschland verbracht haben, nicht als unfreie Menschen verbracht, als Menschen, die sich quälen mußten. Wir haben viel gelernt in Bereichen, in denen man sonst, wenn man immer nur zu Hause, in der eigenen Heimat, lebt, nichts lernen kann. In diesem Sinne ist unser Aufenthalt in Deutschland ein ständiger Selbsterfahrungsprozeß, der manchmal schmerzhaft ist, weil man immer wieder mit den schwierigsten Seiten seiner selbst konfrontiert wird. Das einfachste ist natürlich, Schwierigkeiten und Probleme nach außen zu projizieren, den Fehler zu machen und zu sagen: »Die Deutschen sind die Bösen. Diese oder jene sind für meine Probleme verantwortlich.« Wir versuchen, diesen Fehler zu vermeiden, weil uns dieser Fehler genau das einbringen würde, wovor wir weggelaufen sind: ethnische Intoleranz und eine Begrenztheit und Engstirnigkeit, die sehr gefährlich ist, die man sich am Ende des 20. Jahrhunderts nicht mehr leisten kann. Ich habe mir vorgenommen, mich in meinem Leben als ein freier Mensch zu fühlen und ein freies Leben zu führen. Es wäre wirklich übertrieben, wenn ich sagen würde, ich fühle mich in Deutschland nicht mehr frei. Aber ich fürchte, es gibt in Deutschland eine Tendenz, daß der Raum für Freiheit immer enger wird. Rassismus und die Fremdenfeindlichkeit finde ich abstoßend.

Ein anderer Grund, warum ich nach Kroatien zurückkehren möchte, ist, daß ich spüre, daß ich in Deutschland nicht alt werden will. Als älterer Mensch will ich nicht in Deutschland leben. Der Umgang mit dem Alter und mit dem Älterwerden zeigt mir, wie man mit dem Leben umgeht. Deutschland ist wunderbar, wenn man sich beruflich entwickeln und viel lernen möchte. Aber für ein ganz normales Leben fehlt es mir an Lebensqualität. Ich sehne mich wieder nach einem anderen Rhythmus. In Deutschland kommt man nicht zur Ruhe. Für Ruhe und Gelassenheit gibt es hier keinen Platz und keinen Raum, vielfach auch nicht im Inneren der Menschen.

KUBA

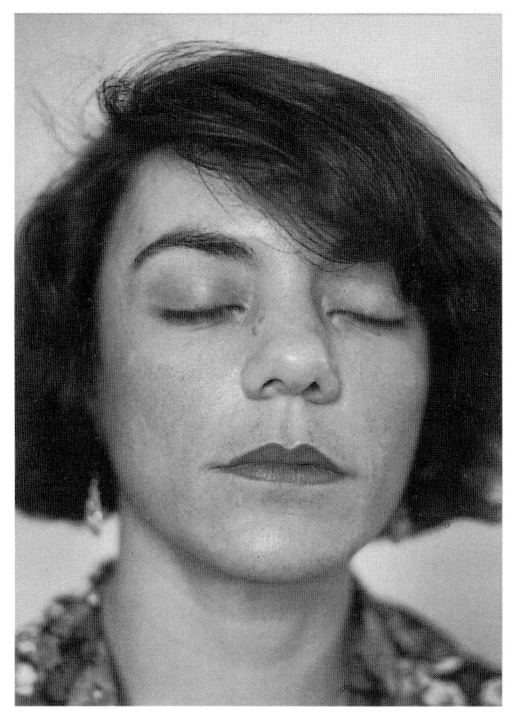

Tengo confianza en que las futuras
generaciones actúen de manera
más consciente y logren salvar
a toda la humanidad. Que sobrepasemos
la etapa de la barbarie. Y estoy segura
que siempre habrá un motivo por el que
luchar y continuar viviendo y despertando
y transformándonos. Vivo con esa esperanza
y trabajo para ello.

Kubá

*Ich vertraue darauf, daß die kommende Generation
konsequenter handeln und die Menschheit retten wird
und wir diese Etappe der Barbarei überwinden.
Und ich bin sicher, es wird immer ein Ziel geben,
wofür wir kämpfen.
Wir werden weiter leben, wir werden uns weiter verändern.
Mit dieser Hoffnung lebe und arbeite ich.*

Wenn einem die Menschen fremd sind, bekommt man manchmal Angst. Das finde ich normal. Ich habe hier so viele Kleinigkeiten nicht verstanden, wie sich die Leute verhalten und warum sie etwas tun und wie die Kinder miteinander spielen. Die Kinder werden hier ganz plötzlich furchtbar aggressiv. Ich verstehe nicht, warum. Nicht, daß die Kinder schreien, im Gegenteil, dazu werden sie viel zu sehr von den Eltern kontrolliert. Aber mit einem Mal bricht mitten im Spiel eine solche Wut durch gegen ein anderes Kind. Wie sollen die Kinder lernen, sich später in der Gesellschaft gegenüber anderen richtig zu verhalten? Die Leute hier sind Individualisten. In unserer Nachbarschaft gibt es auch Kinder. Aber die kommen nicht einfach mal bei meiner Tochter vorbei. Man muß einen Termin machen und überlegen, ob einem der Termin auch paßt. Die Leute sind mißtrauisch. Wenn ich mit 100 Mark auf die Straße gehen und zu jemandem sagen würde: »Nehmen Sie das doch bitte!«, dann würden mich die Leute komisch ansehen. In Kuba denkt man nicht so viel. Die Menschen sind offener. Sie erzählen ganz spontan von ihren Sorgen, ihrem Kummer oder ihrer Freude. Das macht das Leben viel angenehmer.

Rassismus ist eine Sache, die ich hier überhaupt nicht verstehen kann. Vielleicht gibt es in Kuba auch Menschen, die tief in ihrem Innersten Rassisten sind. Aber das ist kein Konflikt bei uns. Wir sind alle so gemischt. Auch in der Familie. Ich habe zum Beispiel eine blonde Cousine. In Kuba haben die Spanier Afrikaner geheiratet und die Mulatten Chinesen. In Deutschland bin ich Ausländerin und meine Tochter auch. Ich leide unter dieser Gewalt gegen Fremde, über die man in den Nachrichten hört und liest. Ich verstehe einfach nicht, warum und wieso, was Rechtsradikale denken und warum sie so denken. Angst habe ich nicht. Aber manchmal fühle ich mich ganz entsetzlich. Dann frage ich mich, ob sich der Nationalsozialismus in Deutschland noch einmal wiederholen kann.

LETTLAND

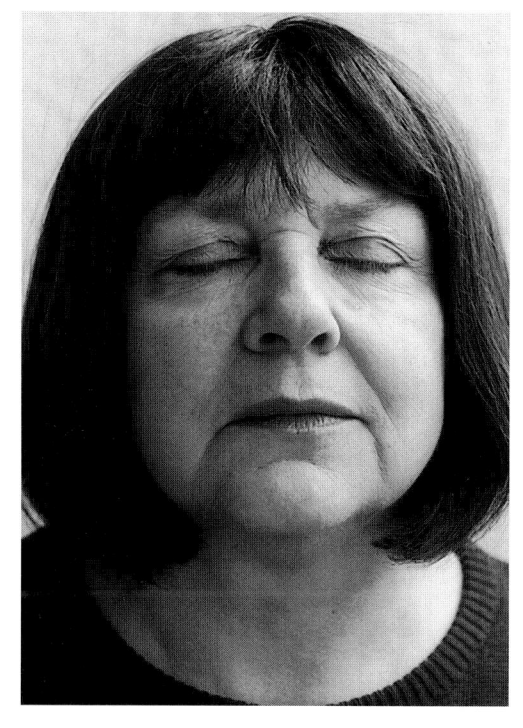

Mana mīļa māmuliņa,
Mani mīli audzināja,
Pati māte dubļus brida,
Mani nesa rociņā.

*Meine herzensgute Mutter hat mich mit viel Liebe aufgezogen.
Sie ist durch den tiefsten Schmutz gegangen
und hat mich behutsam auf ihren Händen getragen.*

Wir sind geflüchtet aus Lettland vor den Sowjetrussen, mitten im Krieg. Ich war ein Jahr alt. An die Flüchtlingslager in Deutschland kann ich mich noch erinnern, obwohl das Lagerleben für uns Kinder nicht so schlimm war. Uns machte es Spaß, auf große Lastwagen zu klettern und von einem Lager ins nächste gefahren zu werden. Oft haben wir mit mehreren Familien in einem Raum zusammengelebt und versucht, uns mit Decken oder Schränken von den anderen abzugrenzen.

1951 sind wir nach Köln gekommen, in die Siedlung für »heimatlose Ausländer« in Porz-Westhoven. Meine Mutter war so glücklich! Endlich eine eigene Wohnung! Nicht mehr alles mit den anderen teilen müssen! Ein bißchen war es so, daß wir uns in unserer Siedlung von den Deutschen abgesondert haben. Wir wollten lieber unter uns sein. Wir wollten nicht wie die Deutschen werden, wir wollten Letten bleiben. Einmal in der Woche wurden wir Kinder von emigrierten Lehrerinnen, die in Deutschland nicht mehr berufstätig waren, in lettischer Sprache und Geschichte unterrichtet. Wir hatten auch eine lettische Sonntagsschule. Wir haben unsere Kultur immer aufrechterhalten und unsere alten Lieder gesungen und die Literatur gelesen, die unter kommunistischer Herrschaft in Lettland verboten war. Die Kölner haben uns so einen Namen gegeben: »Pimock« hießen wir, so wie man heute zu Ausländern »Kanake« sagt. Als ich eingeschult wurde, hatte ich schon Lesen gelernt, nur auf lettisch zwar, aber Buchstaben sind schließlich Buchstaben. Ich sprach kein einziges Wort Deutsch, hatte aber einen netten Lehrer, der mich sehr gefördert hat. Ich bin eine ziemlich gute Schülerin geworden und dann nach Münster gegangen auf das lettische Gymnasium, eine Internatsschule, in der man auch nur unter Letten war. Natürlich habe ich auch einen Letten geheiratet. Eine Ehe mit einem Deutschen? Nein, das hätte ich mir niemals vorstellen können. Ich war der festen Überzeugung, ein deutscher Mann würde mich niemals verstehen.

»Wo ich heute zu Hause bin?« ist so eine typische Frage, die immer nur Leute stellen, die sich nicht vorstellen können, wie es ist, wenn man aus seiner Heimat vertrieben worden ist. Ich bin sowohl in Deutschland wie in Lettland zu Hause. Mir geht es so: Wenn ich vier Wochen in Lettland bin, zieht es mich nach zwei Wochen schon wieder nach Deutschland zurück, und wenn ich dann wieder in Deutschland bin, möchte ich viel lieber wieder in Lettland sein. Als ich vor ein paar Jahren deutsche Staatsbürgerin geworden bin, sagte eine Kollegin zu mir: »Ach, ich dachte, Sie wollten Lettin bleiben!« Dabei verändert doch ein Paß, ein Ausweisdokument, nicht die Persönlichkeit. Wenn meine Mutter heute manchmal stöhnt: »Ach, immer diese Ausländer!«, muß ich lachen. »Du bist doch selber eine Ausländerin!« sage ich dann zu ihr.

LIBANON

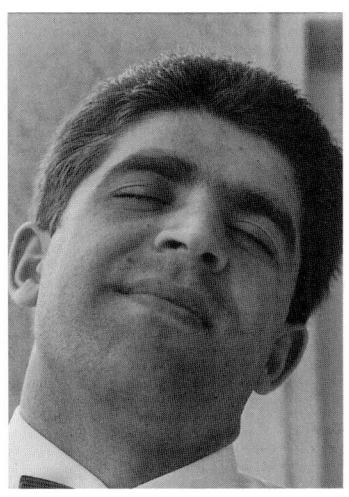

كلما طرحت السماء ثلوجها البيضاء على شوارع الملاعب واشجارها الكثار إذ حنيني لارز لبنان وجباله وكلّما عادت إليَّ الذكريات الى يوم تركت فيه وطني واهلي هيّ تطنّ في اذنيَّ كلمات ابواي الحبيبين ولدي العزيز إيّاك ونسيان ربّك ودينك واهلك وطنك اللذان ينتظرانك مهما طال غيابك.

إيّاك والحرام والقيام باعمال اولاد الحرام فالمستقبل الزاهر والحياة السعيدة لا يكونان إلا عن طريق الحلال وفي كل خطوة وحركة تذكّر انّ هناك رقيب حسيب سيحاسبناعلى اعمالنا يوم الحشر, دمت لنا وعليك الله الباني خير وسلامه .... وكلمات عنها كتب كثيرة تردد نظرتين الحين والاخر يعجز قلمي عن كتابتها.

وما اتمناه لي ولكل انسان تغرب عن وطنه تحقيق الاحلام المبغية وتعين الآمال في الوطن الحبيب والفرح القريب لكل فقير مسكين وان يكون الله والاهل دائما راضين عنّا واميرا العودة الى وطننا الحبيب.

AHMED EL-SAYED
Geb. am 03.11.1970
In KAFRBNIN.
TRIPOLI. LIBANON

Sehr geehrte Damen und Herren,
Salam malaikum. Möge Gott geben, daß wir gesund bleiben, ehrlich miteinander umgehen und unseren Glauben niemals verlieren.

Ich wurde gefragt, was unsere Eltern zu uns gesagt haben, als wir unser Haus, unsere Stadt und unsere Heimat verlassen haben.
Sie haben zu uns gesagt: »Unser Sohn, wir sagen Dir, wir haben für Dich gekämpft und sehr hart gearbeitet, wie Du weißt. Gott sei Dank, es ist uns gelungen, Dich großzuziehen bis zu dem heutigen Tag, an dem Du uns verlassen willst.
Vergiß niemals, daß Du eine Familie und Verwandte und Freunde hast, die Dich lieben. Vergiß Deine Heimat nicht, wieviel Zeit auch immer vergehen mag.
Wir sagen Dir auch: Anderswo wirst Du ein Fremder sein, und es wird schwer sein, ohne Deine Familie und ohne Deine Freunde in der Fremde zu leben.
Wir werden Dich sehr, sehr vermissen.
Wir hoffen, daß Du irgendwann wieder nach Hause zurückkehren wirst.
Wir erwarten von Dir, daß Du im Ausland ein ehrliches Leben führst und Deinen Glauben nicht vergißt und Deine Heimat auch nicht.
Wir wünschen uns, daß Du Dir Deine Zukunft mit ehrlicher Arbeit aufbaust und daß Du eine Familie gründest und Kinder haben wirst.«

Meine Damen und Herren,
unsere Eltern haben uns sehr viel erzählt, als wir von zu Hause fortgegangen sind. Wenn ich versuche, alles, was sie uns mit auf den Weg gegeben haben, aufzuschreiben, bewegt sich mein Stift von ganz alleine. Unsere Eltern bedeuten uns alles im Leben, weil sie gut sind und uns großgezogen haben.

Meine lieben Damen und Herren,
ich bedanke mich bei der Person, die bei mir gewesen ist und mir zugehört hat. Sie hat sich Zeit genommen für Probleme, die nicht jeder Mensch hören will. Solche Probleme haben nur Menschen, die in der Fremde leben.
Mein Dank gilt auch allen, die mit der Person, die mir zugehört hat, zusammenarbeiten.
mit herzlichen Grüßen

Wir haben keinen Krieg mehr im Libanon, aber es gibt viel Armut und viel Ungerechtigkeit in unserem Land. Ich bin nach Deutschland gekommen und habe politisches Asyl beantragt. Als Asylbewerber wurde ich von einer Stadt in die andere, von einem Asylbewerberheim in das nächste verlegt. Das war wie beim Militär. Ich war nie beim Militär. Aber ich habe mir immer vorgestellt, daß es beim Militär genauso zugehen muß. Einmal bist du hier und im nächsten Monat schon wieder anderswo. Bei uns im Libanon wird man beim Militär genauso behandelt. Bei uns ist das Militär nicht in Kasernen stationiert. Wir haben keine Kasernen. Die Soldaten laufen auf der Straße rum und fahren mit ihren Panzern von einer Stadt zur anderen durch das ganze Land. Bei uns sind die Soldaten immer unterwegs.

Als Asylbewerber in Deutschland habe ich viel erlebt. Ich habe Arbeit gesucht. Ich habe immer nur gehört: »Keine Arbeit, keine Arbeit.« Ich habe nächtelang versucht, die deutsche Sprache zu lernen. Ich habe die deutsche Sprache nicht in einer Schule gelernt. Ich habe immer und immer wieder die deutschen Nachrichten im Radio gehört und mir das deutsche Fernsehprogramm angesehen. Nach vier Monaten habe ich endlich doch Arbeit gefunden. Ich bin zum Sozialamt gegangen und habe gesagt: »Ich arbeite jetzt. Ich brauche keine Sozialhilfe mehr.« »Nein«, hat man mir geantwortet, »Sie werden nicht arbeiten. Sie sind Asylbewerber. Sie haben kein Recht auf Arbeit.« Ich bin zu einem Rechtsanwalt gegangen und habe Einspruch erhoben. Dem Rechtsanwalt habe ich dafür 600,- DM bezahlt. Drei Monate später bekam ich eine Verwarnung. Da stand drin, wenn ich arbeiten und bei einer Kontrolle erwischt würde, müßte ich 2000,- DM Bußgeld bezahlen. Ich habe mich immer geschämt, zum Sozialamt zu gehen. Ich habe immer gesagt, daß ich für die 500,- DM, die ich monatlich ausgezahlt bekommen habe, viel lieber arbeiten würde. Aber ich war gezwungen, die Sozialhilfe anzunehmen. Meine letzte Station als Asylbewerber war Gummersbach. In Gummersbach habe ich eine deutsche Frau kennengelernt und geheiratet. Seit wir verheiratet sind, darf ich arbeiten. Seitdem bin ich nie wieder beim Sozialamt gewesen. Ich bin von Tür zu Tür gegangen und habe mir Arbeit gesucht. Solange ich in Deutschland arbeiten kann, will ich hier bleiben.

Aber für immer will ich nicht bleiben. Ich habe mir nie vorgestellt, daß es in Deutschland Rassismus gibt. Auf den Ämtern, wenn man nicht richtig Deutsch sprechen kann und die deutschen Gesetze nicht versteht, wird einem die Tür vor der Nase zugeschlagen. Es gibt niemanden, der dir etwas erklärt.

LIBERIA

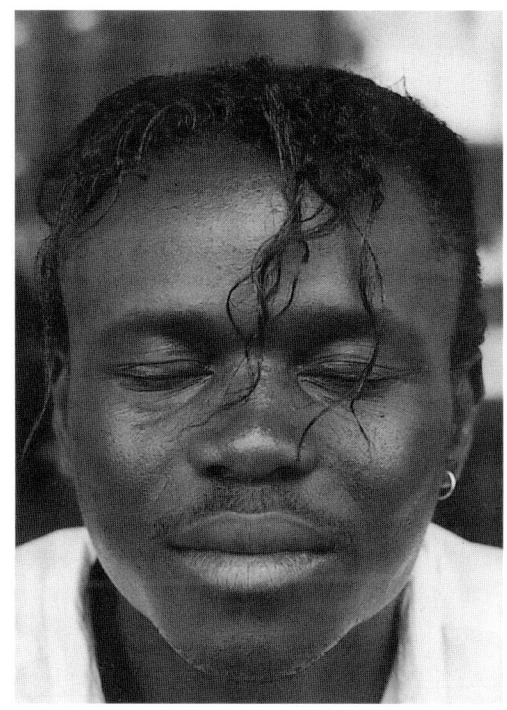

TRIBE VAI

Ema Taya donya
Kemu ana e uloe

Reise nicht so durch die Welt, wie Du hineingeboren wurdest.

Bevor ich nach Europa gekommen bin, habe ich geglaubt, in Europa seien alle Menschen gleich und alle Menschen hätten die gleichen Rechte. So haben wir es in der Schule gelernt. Wir haben auch gelernt, daß uns Bildung die Welt öffnen würde und daß gebildete Menschen überall auf der Welt gleich gute Chancen hätten. Ungleichheit habe ich in Afrika nie kennengelernt. Ich wußte überhaupt nicht, was Ungleichheit bedeutet. Die Europäer und andere Weiße leben in Afrika genauso wie andere Menschen auch. Zwischen Schwarz und Weiß gibt es keinen Unterschied. Nach Europa zu kommen und feststellen zu müssen, daß die Hautfarbe hier eine so überaus wichtige Rolle spielt, daß sie Menschen in zwei verschiedene Klassen teilt, war ein Schock für mich.

In Deutschland läßt man mich überall spüren, daß meine Haut schwarz ist, wenn ich mit dem Zug fahre oder mit dem Bus und auch im Musikgeschäft. In Paris haben mir Musikproduzenten ins Gesicht gesagt, wenn ich Deutscher wäre oder Franzose, wäre es einfach, meine Musik auf den Markt zu bringen. Sie haben gesagt, ich soll mich kommerziell orientieren und nach Deutschland zurückgehen. »Dann schaffst du es vielleicht«, haben sie gesagt. Aber es gibt schwarze Menschen, die sind in Europa und in Deutschland gern gesehen, und andere schwarze Menschen, die in Europa und in Deutschland nicht gerne gesehen sind. Schwarze Amerikaner werden viel mehr respektiert als schwarze Menschen aus Afrika. Wie ich Rassismus empfinde, kann ich nur schwer in Worte fassen. Manchmal bin ich deprimiert, und ein anderes Mal stelle ich fest, daß mich Rassismus gar nicht so sehr verletzt, weil ich ja nicht nur unfreundliche, sondern auch viele freundliche Menschen treffe. Für mich beruht Rassismus auf Eifersucht.

LITAUEN

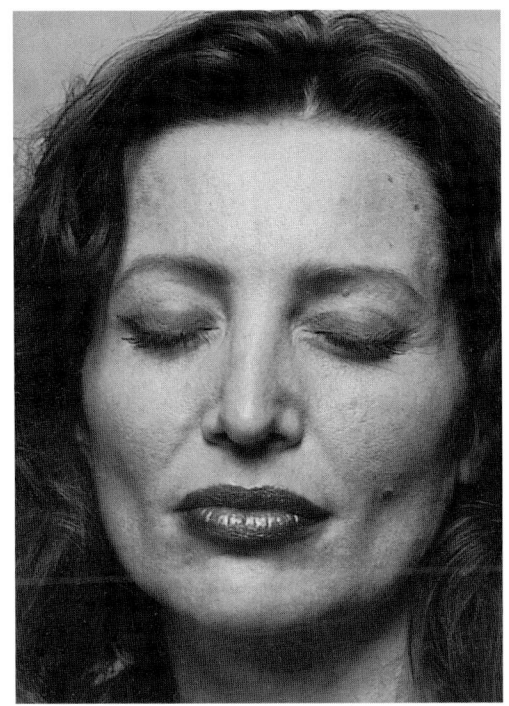

Gyvenimas
kupinas pilnumo,
jausmų grožio,
jausmingumo
ir
energijos.

Leben voller Fülle, Gefühlsschönheit, Mitgefühl und Energie!

Ich wollte schon immer aus der Sowjetunion abhauen. Davon habe ich bereits geträumt, als ich 14 Jahre alt war. Man spürt, wenn man unfrei ist, auch als junger Mensch. Wir Kinder haben uns geschämt, daß wir mit acht oder neun Jahren Pioniere werden und in Uniform marschieren mußten. Für mich hat das eine faschistoide Art. Danach wurde man zum Komsomol-Menschen gemacht. Wir haben das alle gehaßt. Die ganzen Straßen waren voll von falschen Sprüchen, daß Arbeit frei und Armut glücklich macht. Anfang der 70er Jahre gab es bei uns einen Aufstand. Ein junger Mann, ein Student, hat sich aus Protest für die Freiheit Litauens öffentlich verbrannt. Ich war bei dem Aufstand dabei, obwohl ich noch sehr jung war. Die Leute rannten auf die Straße, viele wurden verhaftet oder sind später umgekommen. Die Stimmung war zum Zerreißen gespannt. Es brodelte unter der Oberfläche. Aber alle haben Angst gehabt, die Wahrheit zu sagen. Nur zu Hause wurde darüber gesprochen.

Mein Vater hat Deutschland sehr geliebt. Er hat immer von den Deutschen geschwärmt, von der deutschen Ordnung, der klaren Linie, der Gründlichkeit. Litauen hatte mit Deutschland immer enge Beziehungen. Es gab auch Vorurteile gegen die Deutschen. Man wußte von der Ermordung der Juden, aber man wußte längst nicht soviel wie man heute weiß über das Ghetto in Warschau und daß auch viele Polen und Litauer von den Deutschen ermordet wurden. In der Schule war unser Geschichtsbuch über Litauen nur ganz dünn. Geschichte wurde zurechtgeschrieben und mißbraucht.

Seit ich in Deutschland bin, habe ich nur ein paarmal schlechte Erfahrungen gemacht, aber ob das wirklich etwas damit zu tun hat, daß ich Ausländerin bin, weiß ich nicht.

LUXEMBURG

Ennert enger Dänn sëtzt e
Kawäächelchen a schléit Zodi!

Guy Helminger

Unter einer Tanne sitzt ein Eichhörnchen und schlägt Krach.

Daß ich Ausländer bin, merkt kaum jemand. Das verleitet mich dazu, mein Ausländersein absichtlich zu betonen. Aber als Luxemburger wird man als Ausländer nicht ernst genommen. Luxemburg ist für Deutsche kein Ausland. Es ist nicht weit genug entfernt und so klein. Dabei wissen die meisten Deutschen noch nicht einmal, daß man in Luxemburg Luxemburgisch spricht. Sie sind fest davon überzeugt, meine Muttersprache müsse Französisch sein. Auch hält man es hierzulande auch nicht für selbstverständlich, daß es in Luxemburg Schriftsteller, Musikbands oder Fußballspieler gibt. Als ob die Luxemburger, nur weil sie in einem kleinen Land leben, keine eigenen kulturellen und sozialen Bedürfnisse hätten.

Luxemburg selbst muß man, glaube ich, als biederes Idyll bezeichnen, in dem die Zeit den Ereignissen immer um fünf Jahre hinterherhinkt. Manches kennt man auch nur aus dem Fernseher wie beispielsweise die Punkbewegung. Im ganzen Land leben etwa 380000 Einwohner. In der Schule lernt jedes Kind Lesen und Schreiben auf deutsch und französisch. Später kommt Englisch hinzu. Ohne Fremdsprachen wären wir verloren. Mit wem sollte man sich unterhalten? Würden die Luxemburger nur unter sich bleiben, wäre die Atmosphäre in unserm Land so nett und verstaubt, daß das Atmen schwerfiele.

MALI

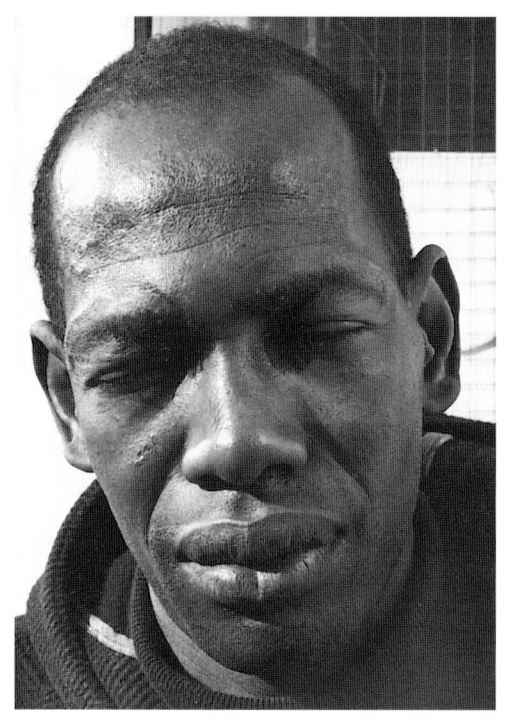

« Tô tan, tô fié, tôtigui na kaba fignié wili »

Du mußt ein größerer Royalist als der König selber sein!

Bei uns in Mali sagt man: »Wer fortgeht, geht, um zu lernen.« Erst bin ich nach Frankreich gegangen, nach Paris. Meine Eltern leben und arbeiten in Paris. In Mali war Frankreich für mich das Land, aus dem die ganzen humanitären Grundsätze gekommen sind: Gleichheit für alle Menschen, Brüderlichkeit und Gerechtigkeit. Das Bild von Frankreich, das uns in den ehemaligen französischen Kolonien vermittelt worden war, war eine heile Welt. Aber ich war von Anfang an enttäuscht. Was es bedeutet, »Ausländer« zu sein, habe ich erst in Frankreich entdeckt, d.h., ich habe es zu spüren bekommen. Wenn dir irgend etwas nicht gefällt und du sagst etwas dagegen, sagt man dir gleich: »Dann geh doch zurück, dahin, wo du hergekommen bist!«. Bei uns in Mali ist das anders. Bei uns ist das Fremde heilig. Weil, von den Fremden lernt man was. Bei uns in Mali ist es auch nicht vorstellbar, daß man den ganzen Tag allein sein muß. Den ganzen Tag hinter verschlossenen Türen sitzen und keiner kommt zu Besuch, keiner ruft an. Daß sich jemand ankündigt, bevor er zu Besuch kommt, war für mich in Mali unvorstellbar.

Man sagt ja: »Dein Zuhause ist, wo Dein Herz ist.« Wenn man irgendwo nur ein Jahr lebt, hat man schon Wurzeln geschlagen. Aber wenn es mir hier richtig stinkt, gehe ich nach Mali zurück. Ich bereue meinen Aufenthalt in Deutschland nicht, obwohl hier in der letzten Zeit jeder Angst bekommt um sein Leben, vor allem wenn man Ausländer ist und wenn man eine auffällige Hautfarbe hat. Das ist nicht nur die ältere Generation, es sind auch junge Leute, die in der Straßenbahn lachen, weil Du schwarz bist. Aber das ist keine schlechte Erfahrung. Das ist die Dummheit der Menschen.

MAROKKO

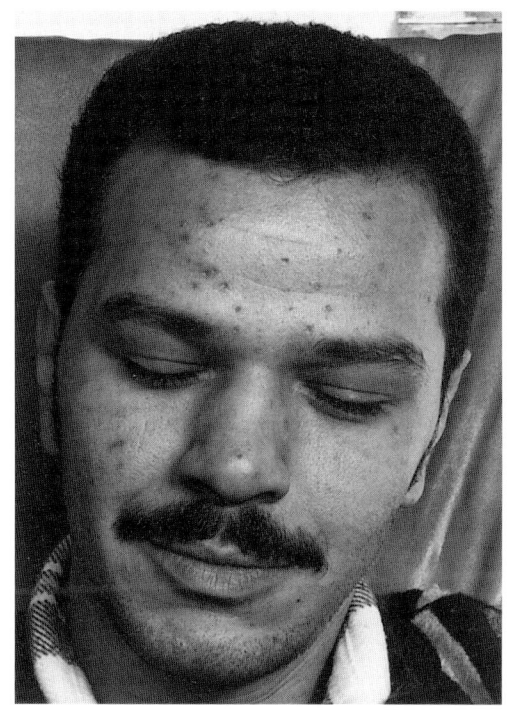

ربّما النّاس أشهروا وعولتن عاش ماشي قبل ما تـ فنا ة

Ihr Leute, hört mir zu und versteht meine Worte!
Menschen werden geboren, um zu sterben.
Tod bedeutet Vergessen.

Ich habe in Marokko schon Kunst gemacht, aber nur für mich, nur privat. Das hat mir Spaß gemacht. Schon in der Schule, im Mathematikunterricht, habe ich gezeichnet. Das war für mich ein Spiel. Bücher über Kunst oder Künstler habe ich nie gelesen. Ich war auch nie in einer Ausstellung oder bei einer Vernissage. Was ich gemacht habe, kam einfach so aus mir heraus. Erst in Europa, in Frankreich, haben mir Freunde gesagt: »Du machst so schöne Sachen. Du mußt Kunst studieren.« Ich habe zwei Jahre in Paris gelebt. Dann habe ich jemand kennengelernt, der mich nach Deutschland eingeladen hat. Ich habe nicht geglaubt, daß ich jemals nach Deutschland kommen würde. Das war nicht geplant. In Deutschland habe ich dann so viele Leute kennengelernt, die mit Kunst zu tun hatten. Deshalb wollte ich an der Kunstakademie in Düsseldorf studieren. Die erste Zeit in Düsseldorf war schwierig. Nach zwei Semestern bin ich in die Klasse von Professor Michael Buthe gewechselt. Bei Michael Buthe waren so viele Ausländer aus vielen verschiedenen Ländern, aus Ghana, Algerien, Ägypten, Spanien und Brasilien. Ich bekam sofort Kontakt zu den anderen Studenten, und alles war in Ordnung.

Wenn ich mich hier nicht mehr wohl fühle, werde ich Deutschland verlassen. Ich kann nicht in einem Land leben, in dem ich jeden Tag Angst haben muß.

MEXIKO

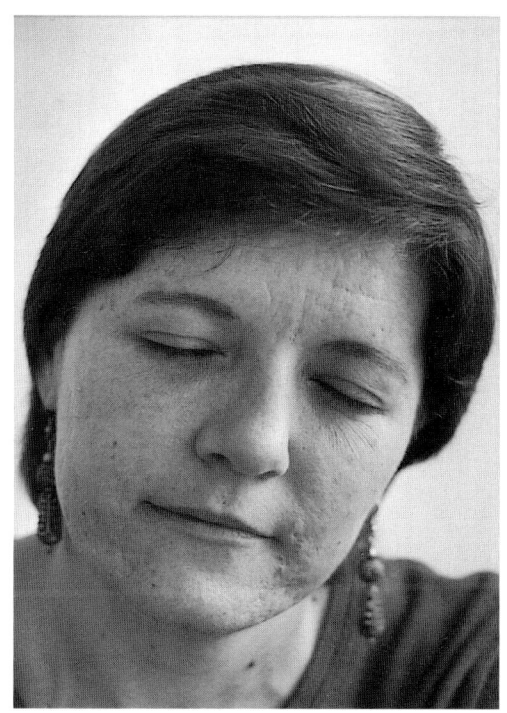

Seres humanos, es nuestro nombre y nuestra Madre es la naturaleza.
La industria y tecnología de nuestro tiempo, nos exige alejarnos de nuestra
Madre, obligándonos a reaccionar y funcionar como máquinas.
Seres humanos, no solo necesitamos la riqueza de la industria, sino
también la humana.
Ustedes, no son primer mundo y nosotros, no somos tercer mundo.
Todos fuimos paridos por la misma Madre.
Nosotros tenemos mucho que aprender de sus riquezas tecnológicas
y ustedes de nuestros valores humanos.
Solo así nos quedaremos todos, SERES HUMANOS

Mi país se llama, México
Mi ciudad se llama, Colonia.
Mis pueblos se llaman, Mixcoac y Coyoacán.

Unser Name ist Mensch.
Unsere Mutter ist die Natur.
Die moderne Industrie und Technologie unserer Zeit entfernt uns
von der Natur.
Wir müssen funktionieren und reagieren wie Maschinen.
Wir sind Menschen.

Wir brauchen zum Leben nicht nur Industrie und Technologie
und die Gewinne, die wir damit erzielen.
Wir brauchen Menschlichkeit.

Ihr sagt, Ihr gehört zur »Ersten Welt« und daß wir zur
»Dritten Welt« gehören.
Ich sage, wir alle gehören zu einer einzigen Welt.
Wir können viel lernen von Eurer Industrie und Technologie.
Ihr könnt viel lernen von unserer Menschlichkeit.
Nur so werden wir Menschen bleiben.

Mein Land heißt Mexiko.
Meine Stadt heißt Köln.
Meine Dörfer heißen Nippes und Loyoacan.

Fotografie spielte in Mexiko schon immer eine wichtige Rolle. Die mexikanische Revolution war ein historischer Einschnitt in der Entwicklung der Fotografie. Sie hat die Dokumentationsfotografie hervorgebracht, als ob diese Revolution extra zur Entstehung der Dokumentationsfotografie gemacht worden wäre. Viele Ausländer, Europäer und Amerikaner, sind nach Mexiko gekommen, um zu lernen, zu erfahren und zu fühlen, was fotografische Dokumentation bedeutet.

Die Europäer, z.B. Luis Buñuel, fanden, Mexiko sei ein surrealistisches Land. Ich glaube, das hat etwas mit dem Aufeinanderprallen der beiden Kulturen Mexikos, der indianischen und der europäischen, zu tun. Für uns Mexikaner ist das überhaupt nicht surrealistisch. Wir leben unter einem ständigen, allgegenwärtigen Kulturschock. Das ist unsere Realität. Ich glaube, viele Mexikaner weigern sich bis heute, ihre Geschichte zu akzeptieren. Seit die Spanier Mexiko erobert haben, wütet in Mexiko ein Kolonialkrieg, der kein Ende finden kann. Der Rassismus ist in Mexiko anders als in Europa. Es gibt Mexikaner, die sich extrem auf die Seite der Indianer stellen, und andere, die extrem für die Europäer sind. Sie behandeln die Europäer wie ganz besondere Menschen, als ob alle Europäer blaues Blut in den Adern hätten. Es ist ihnen ungeheuer wichtig, auch nur ein bißchen europäisches Blut in den eigenen Adern zu haben. Aber den Franzosen ist es total egal, daß mein Großvater Franzose war. Für die Franzosen bin ich eine Mexikanerin, ein Nichts. In Frankreich habe ich mit meiner Fotografie nie eine Ausstellung gemacht. In Köln ist das anders. Auch als ich zu Anfang nur ganz wenig Deutsch gesprochen habe, habe ich gefühlt, daß in Köln eine ganz andere Stimmung ist als in Paris. Ich habe gespürt, daß ich in Köln zurechtkommen werde. Ich brauche nur etwas Zeit.

MOLDAWIEN

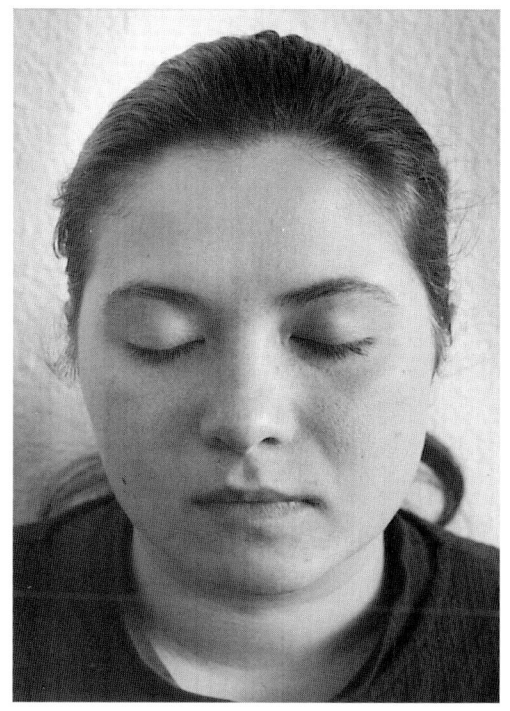

У меня очень трудно вызвать плохое
настроение. Если я вижу человека
первый раз, то я стараюсь увидеть
в нем его лучшие черты. Даже
если потом он покажет себя с
плохой стороны, то первое впечатление
всегда сохранится. Но если сразу увидеть
все плохие стороны человека, то потом
будет очень трудно заставить себя увидеть
его с хорошей стороны.
 И главное всегда оставаться человеком,
не потерявшим себя. Будет мир в тебе,
будет он и на земле.
                                24.11.96   И. Клон-

*Es ist wirklich schwierig, mir die gute Laune zu verderben.
Wenn ich einem Menschen zum ersten Mal begegne, versuche ich, nur das Gute in ihm zu sehen. Wenn er sich danach von seiner schlechten Seite zeigt, bleibt der erste Eindruck trotzdem bestehen. Aber wenn Du zuerst nur die schlechten Seiten eines Menschen wahrnimmst, fällt es Dir später schwer zu akzeptieren, daß dieser Mensch doch noch gut sein kann.
Außerdem ist es noch sehr wichtig, daß man sich selber nicht verliert. Nur wenn Du Frieden in Dir hast, kann es auch Frieden in der Welt geben.*

Ich habe in Kischinew eine private Universität besucht, an der amerikanische Professoren unterrichteten. Die war ganz neu, sehr gut, aber sehr teuer. Als mein Vater seine Arbeit verloren hatte, konnte er die Studiengebühren nicht mehr bezahlen. Früher war das Studium kostenlos. Die staatlichen Universitäten hatten ein hohes Niveau. Aber jetzt sind fast alle Professoren emigriert. Die neuen Professoren werden schlecht bezahlt und haben kein Interesse, den Studenten irgend etwas zu vermitteln. Die jüdischen Verwandten meines Vaters sind alle schon vor uns weggegangen. Wer einen typisch jüdischen Namen hatte oder aussah wie ein Jude, hatte in Moldawien Schwierigkeiten. Aber im letzten Jahr, bevor wir ausgewandert sind, war es immer noch besser, Jude zu sein als Russe. Ende der 80er Jahre fing diese Nationalbewegung an für das moldawische Volk, daß man zu Rumänien gehören und mit den Russen nichts mehr zu tun haben will. Jetzt sind die Russen und die Juden fast alle weg. Das ist nicht gut für Moldawien, weil bei uns viele gute Ärzte und viele gute Hochschullehrer Juden waren. Die Verwandten meines Vaters sind jetzt alle in Israel oder in Amerika. Wir waren die letzten, die geblieben sind. Mein Vater wollte nicht nach Israel. Ich auch nicht. Bei uns gab es immer Witze darüber, daß es Chaos gibt, wenn alle Juden zusammenleben. Außerdem ist meine Mutter nicht jüdisch. Wir Kinder wären als Halbjuden in Israel nicht wirklich akzeptiert worden. Nach Amerika konnte man nur, wenn die nächsten Verwandten da leben. Das war bei uns nicht der Fall. Deshalb sind wir mit unseren Koffern und unseren Büchern nach Deutschland losgefahren.

In Unna-Massen, in der zentralen Verteilungsstelle für Flüchtlinge, wurden wir gefragt, wo wir leben wollten. Wir haben kurz überlegt und gesagt, wir wollen nach Köln. Wir hatten gehört, daß Köln eine schöne Stadt ist. Als wir eine Wohnung gesucht haben, haben wir immer gehört: »Ausländer und arbeitslos? Auf Wiedersehen!« Aber für mich war das nicht so furchtbar. Das ist normal im Leben eines Emigranten.

MOSAMBIK

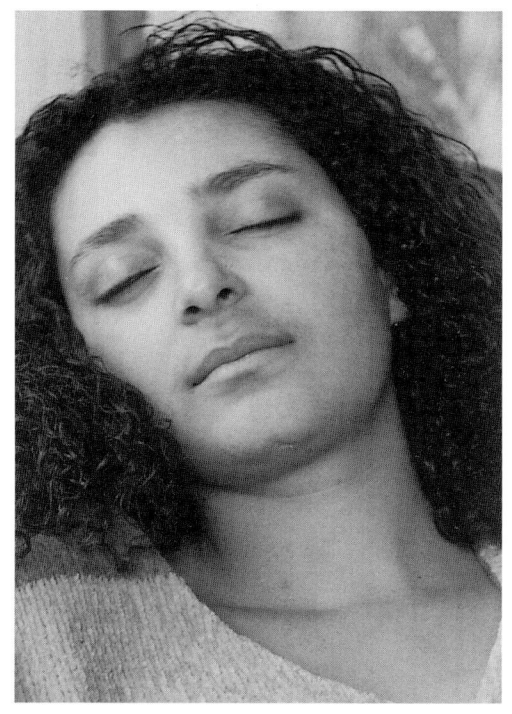

Tempo de viver, tempo de sonhar, e de
chorar.
 A vida é bela, só temos é que saber
tirar proveito dela e nunca nos deixar
levar pela tristeza!
 Sonri, sonri, sonri, abre o teu coração
e deixa-te levar pela comboio da Felicidade.

 Másia Fernanda Xavier Lisoni da Silva.

*Zeit für das Leben, Zeit für das Lachen, Zeit für das Weinen.
Das Leben ist schön,
wir müssen nur lernen, die Chancen zu nutzen, die es uns bietet,
und dürfen nicht enttäuscht und traurig sein!
Lache, Lache, lache, öffne dein Herz,
und fahre mit auf dem Zug der Fröhlichkeit.*

Ich hatte keine Ahnung von Deutschland. Ich habe nur gehört, die Menschen in Deutschland seien kalt und besäßen wenig Herzenswärme und daß es vielleicht nicht richtig sei, in Deutschland zu leben. Aber ich bin der Meinung, Probleme gibt es überall auf der Welt und man muß auf Menschen zugehen, um herauszufinden und zu verstehen, warum sie anders sind. Man muß berücksichtigen, daß die Zusammenhänge kompliziert sind.

Ich bin immer aufgeschlossen und bemühe mich, freundlich zu sein und mein Herz für andere offen zu halten. Wenn ich so auf die Menschen in Deutschland zugehe, reagieren sie auch mit Herzlichkeit. Aber zwischen den Menschen hier gibt es immer eine Grenze, die unüberwindbar bleibt. Das bedaure ich sehr.

NAMIBIA

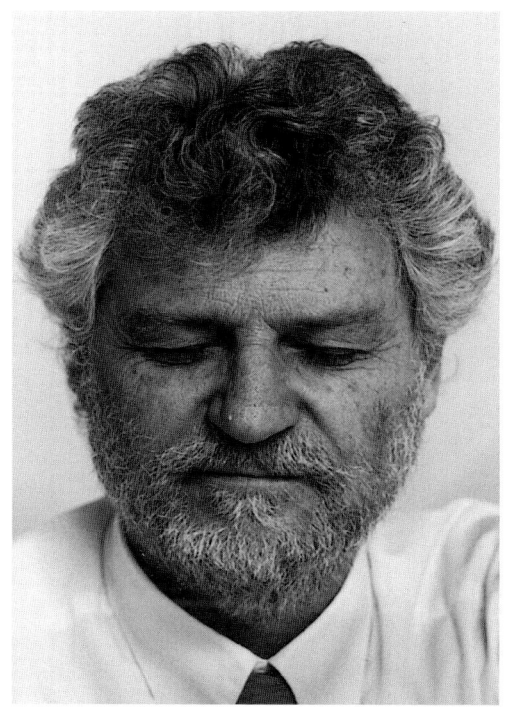

"MY HAART VERLANG NA DIE VERTE
NA DIE WYE, WUIVENDE VELD
VER VAN DIE STADSGELUIDE
EN DIE KLINKENDE KLANK VAN GELD."

Mein Herz sehnt sich nach der Ferne,
nach dem weiten, wogenden Veld
fern vom Stadtgetöse
und dem klingenden Klang von Geld.

Ich bin Farmerskind. Die Farm meiner Eltern – das war als Kind meine Welt. Meine Familie war so etwas wie eine liberale weiße Familie, die in Afrika die kolonialzeitliche Rassentrennung selbstverständlich mitlebte: Doch gaben wir zur Begrüßung oder zum Abschied unseren schwarzen Landarbeitern die Hand. Darin unterschieden wir uns von den anderen Weißen.

Mein rassistisches Denksystem ist mir schon kurze Zeit, nachdem ich 18jährig nach Deutschland gekommen bin, bewußt geworden. Deutschland war für mich Ausland. Ich wußte nicht, wo man Schnürsenkel und Rasierklingen kauft. Komisch fand ich, daß alle Menschen weiß waren und Deutsch sprachen. Die Schwarzen im Straßenbild fehlten mir. Mein Schlüsselerlebnis war eine Unterhaltung mit Arbeitskollegen, die ich kurz nach meiner Ankunft in Bremen führte. Meine Kollegen fragten mich nach meiner Heimat und wie viele Einwohner die Hauptstadt Namibias, Windhoek, habe. Ich sagte: »80000.« In diesem Moment wurde mir plötzlich klar, daß ich die gleichgroße Zahl der schwarzen Bewohner dieser Stadt unerwähnt gelassen hatte. Ich hatte sie einfach nicht mitgedacht.

Seitdem habe ich angefangen, die Dinge anders zu sehen, die Welt, die ich als Kind nicht anders kennengelernt hatte, zu hinterfragen. In Deutschland bin ich ein entschiedener Gegner der Apartheid geworden. Erst von Deutschland aus konnte ich die Ungerechtigkeit eines gesellschaftspolitischen Systems, in dem 6% Weiße 60% des Landes besaßen und 70% der nationalen Vermögenswerte kontrollierten und die Schwarzen nur rechtlose Arbeiter waren, begreifen und nachfühlen. Ich bin ein engagierter Unterstützer der Anti-Apartheidsbewegung geworden, der SWAPO in Namibia und des ANC in Südafrika, soweit dies von Deutschland aus möglich war. Mit dieser Haltung war ich weder in Namibia noch in Südafrika gern gesehen. Man wollte mich nicht mehr. Mein Denken wurde in meiner Heimat nicht mehr akzeptiert. Weil Namibia unter der Verwaltung Südafrikas stand, hatte ich einen südafrikanischen Paß und war in Deutschland südafrikanischer Staatsbürger. Weiße Südafrikaner waren zur Zeit der Apartheid in Deutschland nicht gut gelitten. Ich saß zwischen zwei Stühlen.

Als Kind deutscher Eltern, geboren vor 1948 zu einer Zeit, in der die ehemalige deutsche Kolonie Namibia als ein Völkerbundmandat verwaltet wurde, hatte ich nach einem Abkommen mit den aus dem Völkerbund hervorgegangenen Vereinten Nationen das Recht, ein Deutscher zu sein. Es gab die Möglichkeit, einen Antrag auf die Feststellung der deutschen Staatsbürgerschaft zu stellen.

Ich habe mich als Deutscher einbürgern lassen, auch weil ich drei Kinder habe, die in Köln zur Welt gekommen und Deutsche sind. Den Status eines deutschen Staatsbürgers besitze ich bis heute, habe aber, falls mich die Sehnsucht packen und mir Deutschland zu grau und zu eng werden sollte, einen deutschen und einen namibischen Paß. Ich habe mich entschieden: Ich verstehe mich als Afrikaner, als jemand, der von »draußen« nach Deutschland hereingekommen ist und einige Zeit seines Lebens hier verbracht hat. In Köln bin ich zu Hause, aber meine Heimat ist Namibia.

NEUSEELAND

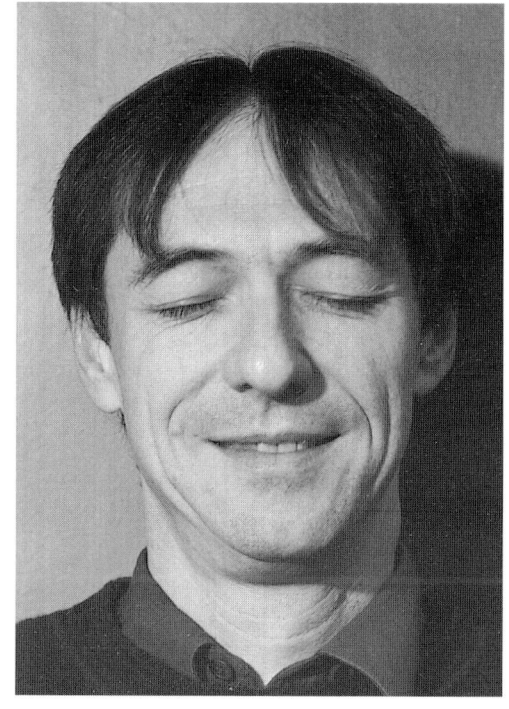

The only race is the human race

Die einzige Rasse ist die Menschenrasse.

Eigentlich war mein Vater Lehrer. Im Zweiten Weltkrieg hat er den Kriegsdienst verweigert und kam dafür ins Gefängnis. Er hat für seinen Pazifismus gekämpft. Er wollte Menschen nicht töten. Deshalb durfte er nach dem Krieg keinen Schulunterricht mehr geben. Für uns Kinder war das schwierig, wenn wir Kriegscomics gelesen und Kriegsfilme gesehen haben. Das haben alle Kinder getan. Verboten hat das mein Vater nicht. In solchen Comics und in den Filmen waren die Deutschen immer dicke Soldaten mit viereckigen Helmen. Die haben immer »Donnerwetter« und »Blitzkrieg« gesagt. Das waren die Blöden, die Bösen.

Aber als Student habe ich mich dann für die Musikszene in Deutschland interessiert. Für mich war Deutschland ein Land, in dem künstlerisch etwas passierte. In Neuseeland war ich bestimmt einer der ersten, der Noten von Stockhausen bestellt hat. Für moderne Musik gab es erstaunlich viel Interesse, nicht weniger als hier, nur leider wenig Unterstützung. In Deutschland ist das eher anders.

Ich höre hier manchmal von ganz normalen Leuten: »Ach, die Türken, die haben es hier gut gehabt, aber jetzt ist es vorbei. Die sollen zurückgehen.« Dabei sind sie hierhin geholt worden, um eine Arbeit zu machen, die die Deutschen nicht tun wollten. Damit der wirtschaftliche Aufschwung weiterging, und die Deutschen reicher werden konnten. Ausländerfeindlichkeit, das ist für mich so eine Art Provinzialismus, der in jedem Menschen drinsteckt. Wer andere Lebensarten und Kulturen nicht kennengelernt hat, der glaubt, nur das eigene Gewohnte sei richtig und normal. Es gibt solche Gefühle auch in Neuseeland, z.B. gegen die Japaner. Und die Maori haben auch nur auf dem Papier gleiche Rechte.

Menschen können jahrelang friedlich nebeneinander leben. Wenn es aber hart auf hart kommt, teilen sie sich wieder in ihre alten Gruppen. Übergriffe gegen Ausländer gibt es auch in Frankreich und England. Aber auf Deutschland sind die Augen der Welt gerichtet.

NICARAGUA

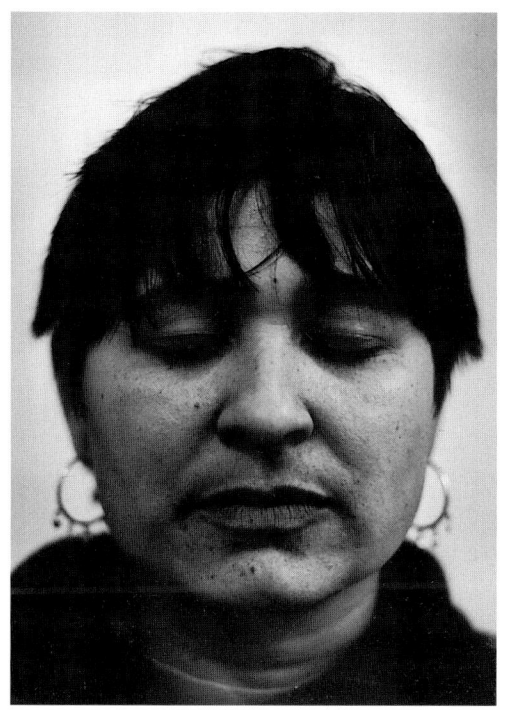

Ni en los momentos más iracundos
de mi vida, romperé las hojas
donde he plasmado con gran acierto
mis vivencias con sentimientos
sería romper en pedazos mi corazón
regar mi existencia, mi carne
y alma. por los caminos del desperdicio
de las almas inútiles y olvidadas
por las multitudes de gente
navegando en los río fluviales
de la vida.

Martha E. Martinez

Nicht in den zornigsten Momenten will ich die Blätter zerreißen,
auf denen es mir gelungen,
meine Erlebnisse mit Gefühlen anzufüllen.
Es wäre, als risse ich mein Herz in Stücke,
beweinte mein Dasein, mein Fleisch, meine Seele
um der Wege verlorener und vergessener Seelen willen,
um der Vielzahl der Menschen willen,
die auf den dahinströmenden Flüssen des Lebens gleiten.
Übersetzung: Karin Clark

Ich war gerade erst zwei Wochen in Deutschland und wollte in Köln-Ehrenfeld einkaufen gehen. Wurst wollte ich holen. Ich habe eine Metzgerei betreten. Ich weiß ja auch nicht, vielleicht sehe ich etwas anders aus als die normalen Deutschen, jedenfalls habe ich bemerkt, daß ich mißtrauisch beobachtet wurde. Ich habe mir die Wurst angesehen. Deutsche Wurst kannte ich nicht. Der Metzger hinter der Theke hat mir eine Frage gestellt. Ich habe kein Wort verstanden. Ich habe nicht geantwortet und war in Gedanken damit beschäftigt, welche Wurst ich kaufen sollte. Plötzlich kam die Frau des Metzgers hinter der Theke hervor. Ich sah, wie der Metzger das Messer, das er in der Hand hielt, beiseite legte und ihr folgte. Ehe ich begreifen konnte, was mit mir geschah, erfaßten mich der Metzger und seine Frau mit ihren Händen und setzten mich vor die Tür. Ich war entsetzt, empört und wütend. Ein Metzger, der mich eigenhändig aus seinem Geschäft herauswirft!

Nach dieser schlimmen Erfahrung habe ich in Deutschland alles abgelehnt. Für mich war alles negativ, zum Beispiel das unheimliche Schweigen der Leute in der Straßenbahn oder in einem Zug, diese für mich ungewohnte Stille in den öffentlichen Verkehrsmitteln. Das war für mich einfach unglaublich, so etwas hatte ich vorher noch nie erlebt. Ich habe nur gedacht: »Ach du lieber Gott! Was ist denn nur los in diesem Land? Diese merkwürdigen Menschen! Warum spricht denn keiner auch nur ein einziges Wort?« In Nicaragua im Bus reden alle durcheinander, alles plappert drauflos, keiner sitzt still, jeder hat jedem wort- und gestenreich irgendeine Mitteilung zu machen.

Das entspricht meiner Vorstellung vom Leben. In Nicaragua habe ich am Theater gearbeitet. Ich habe lateinamerikanischen Folklore- und Ausdruckstanz unterrichtet und schreibe außerdem gerne Gedichte. Ich brauche Formen, in denen ich mich ausdrücken kann, mit meinem Körper, mit meiner Sprache, mit meinem ganzen Ich. In Deutschland war mein Mund verschlossen, ich fühlte mich gefesselt, meine Seele war gefangen. Erst ein Jahr später habe ich mich geöffnet. Ich habe entschieden, daß ich mich auf eine neue Sprache, auf eine neue Kultur und eine neue Mentalität einlassen will. Das ist schwer! Ich brauche sehr viel Geduld und so viel Selbstdisziplin! Dazu muß ich mich zwingen. Dabei würde ich am liebsten alles gleichzeitig machen!

NIEDERLANDE

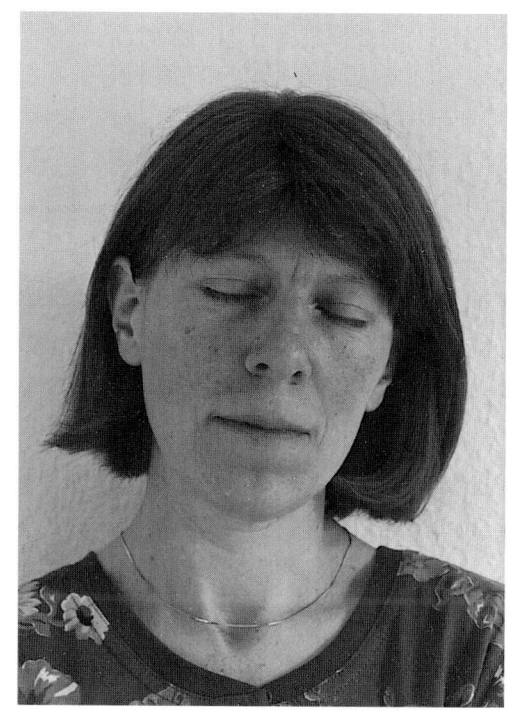

Al tien jaar ben ik in
Keulen. Ik heb hier
nóg een "thuis gevonden.
Het enige wat ik soms
mis, is een frisse zeewind.
... zo héérlijk "doorgewaaid"
worden...
         Mirjam

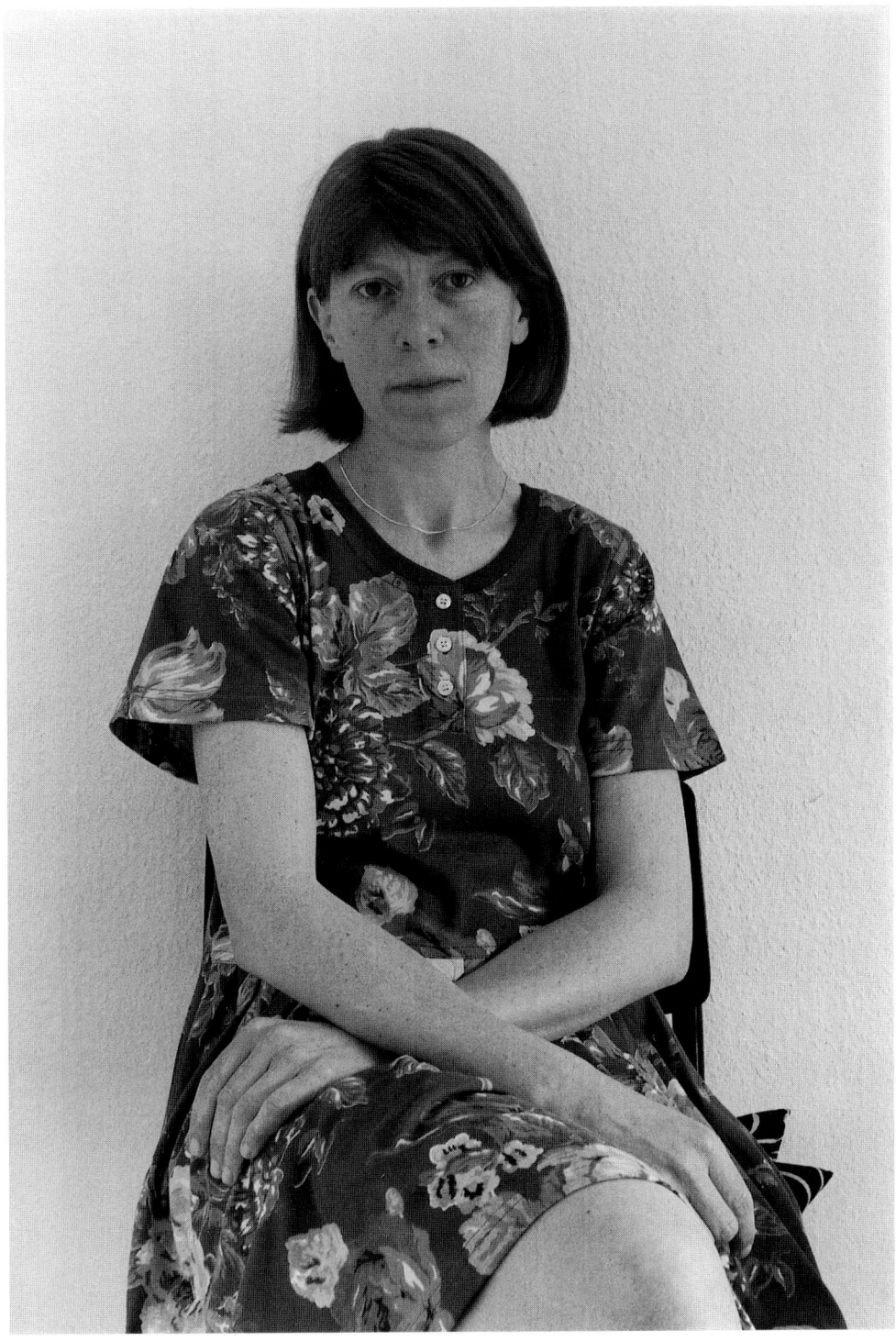

*Ich wohne schon zehn Jahre in Köln und habe hier ein zweites
Zuhause gefunden.
Das Einzige, was ich ab und zu vermisse,
ist ein frischer Wind vom Meer ...
So richtig durchgepustet werden ...*

Normalerweise stehen die Holländer den Deutschen ziemlich kritisch gegenüber. In meiner Familie ist das nicht der Fall. Meine Eltern sind Rheinschiffer, und für die Rheinschiffer existiert die Grenze zwischen Deutschland und Holland eigentlich gar nicht. Meine Eltern haben zwei Drittel ihres Lebens auf dem Rhein in Deutschland verbracht. Daß ich in Rotterdam geboren wurde, war Zufall. Eine Schwester von mir ist in Duisburg zur Welt gekommen. Wir Kinder haben alle verschiedene Geburtsorte. Die Rheinschiffahrt hat in unserer Familie Tradition. Mein Urgroßvater war Deutscher und stammte aus Königswinter. Irgendwann, in der Zeit der deutsch-französischen Kriege, haben sich viele deutsche Rheinschiffer in Holland niedergelassen. Das war eine Möglichkeit, dem Militärdienst zu entgehen.

Ich fühle mich in Deutschland genauso zu Hause wie in Holland. Ich bin gerne in Rotterdam, aber in Köln fühle ich mich genauso wohl. Was ich nicht verstehe, ist, daß die Deutschen immer glauben, in Holland sei alles schöner, und die Holländer seien viel toleranter als die Deutschen. Das sehe ich gar nicht so. Ich habe Freunde und Bekannte in Holland, die in Wohnvierteln leben, wo auch viele Ausländer sind. Meine Freunde haben sich in der letzten Zeit ein bißchen verändert, im negativen Sinn. Ich kann das verstehen, weil es in diesen Wohnvierteln hart und aggressiv zugeht. Ich finde es verwegen zu sagen, daß das, was jetzt in Deutschland passiert, in Holland nicht passieren kann. Die Kräfte dazu sind auf alle Fälle da. Was hier in Deutschland passiert, ist erschreckend. Und mein Eindruck ist, daß es totgeschwiegen und verharmlost wird. Zu Anfang stand ja noch alles in der Zeitung. Aber irgendwie tritt so eine Gewöhnung ein. Ich weiß nicht, wo das passiert, ob das in mir selber passiert oder in den Medien oder bei den Politikern. Bei den Politikern fehlt ganz einfach eine deutliche verbale Ablehnung.

NIGERIA

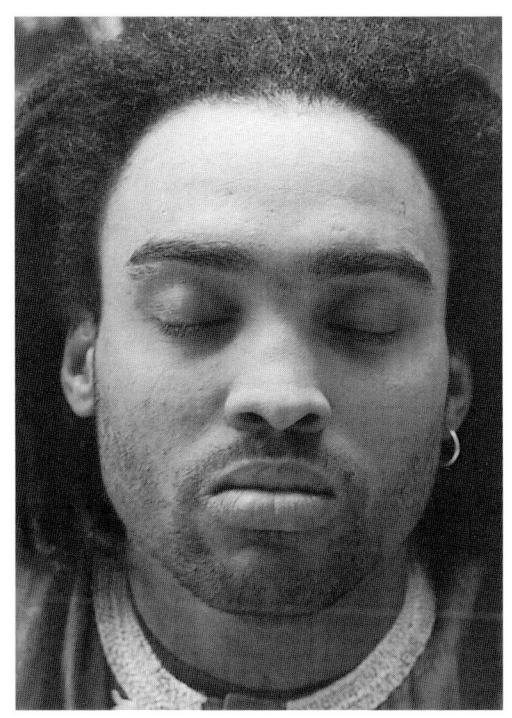

Asiko lo layé, a o gbọdọ gbagbe ibi ti a fin.
To ba tade mi, ma gbagbe pe mo ni ilè, alejo
ni mi (ojọ kọn m'bo). Ti alejo ba wa ki ẹ, fun ni
ife rè o mọ unko ti o le sele ■lọla
fun mi ni ire

Adegoke Odukoya

*Wenn Du mich triffst, vergiß nicht, daß ich bei Dir zu Gast bin.
Wenn Du einen Gast hast, bemühe Dich um sein Wohlbefinden
und gib ihm Geborgenheit und Liebe,
denn Du weißt nicht, was morgen geschieht.
Gönne mir Glück im Leben!*

Meine Mutter ist Deutsche, mein Vater Nigerianer. Ich habe mich immer als Nigerianer gefühlt. Wir haben zu Hause nie Deutsch gesprochen. Der deutsche Teil von mir war unwichtig. Nach Deutschland gekommen sind wir, weil mein Vater in Nigeria ermordet wurde. In Deutschland war plötzlich alles ganz anders. Ich mußte überhaupt erst einmal begreifen, daß ich in Deutschland eine andere Identität habe als in Nigeria. In Deutschland bin ich in drei Teile geteilt: Ich bin Nigerianer, ich bin Afrodeutscher und irgendwo auch noch Deutscher. Ich mußte einen Weg finden, um das, was mich spaltet, in Einklang zu bringen. Das hat Jahre gedauert.

Meinen ersten Schultag in Köln werde ich nie vergessen. Ich betrat den Klassenraum und wurde von allen Seiten komisch angeguckt. Die erste Frage des Lehrers war, ob ich »Asylant« sei. Ich kannte das Wort »Asylant« überhaupt nicht. Ich wußte nicht, was das bedeutet. Dann fingen die Mitschüler an, sich über meinen Akzent lustig zu machen. Eigentlich war das nicht so tragisch. Aber da war die Barriere, in Kontakt zu kommen mit den anderen, Freunde zu finden. In Nigeria wirst du sofort in eine Gemeinschaft aufgenommen, egal wo du herkommst. Hier mußte man sich schon ein bißchen aufdrängen und fragen, können wir uns nicht mal treffen. Das Interesse an mir beschränkte sich auf Standardfragen, die man Menschen aus Afrika immer stellt: »Wo kommst du her?« »Wohnt ihr noch auf Bäumen?« »Hast du schon mal einen Tiger gefangen?« Wir waren nur zwei »Ausländer« in der Klasse. Die unterstützte zwar eine Schule in Mexiko. Aber das war nur in der Weihnachtszeit interessant.

Ich habe mich dann gefragt, ich habe doch eine Mutter, die Deutsche ist. Also habe ich auch etwas Deutsches in mir, das ich eigentlich ausleben könnte. Das ist aber nicht möglich, weil ich nicht deutsch aussehe.

Ich bin ein Mensch, der gerne träumt. Ich habe schon früher, in Nigeria, viel gelesen und auch eigene Texte geschrieben. Freunde haben mich gefragt, ob ich nicht mal was ausprobieren möchte mit Musik, Rap, Jazz und so. Ich bekam richtig Lust, mit einer Band eine eigene Produktion zu machen. Angefangen haben wir mit Free Jazz. Aber das war mir zu oberflächlich. In mir, dem Afrodeutschen, hatte sich so viel aufgestaut. Ich habe gemerkt, das muß raus. Ich bekenne mich zu meinem Schwarzsein. Bob Marley und Malcolm X hatten auch einen weißen Elternteil und haben sehr viel für die schwarze Gemeinschaft getan.

NORWEGEN

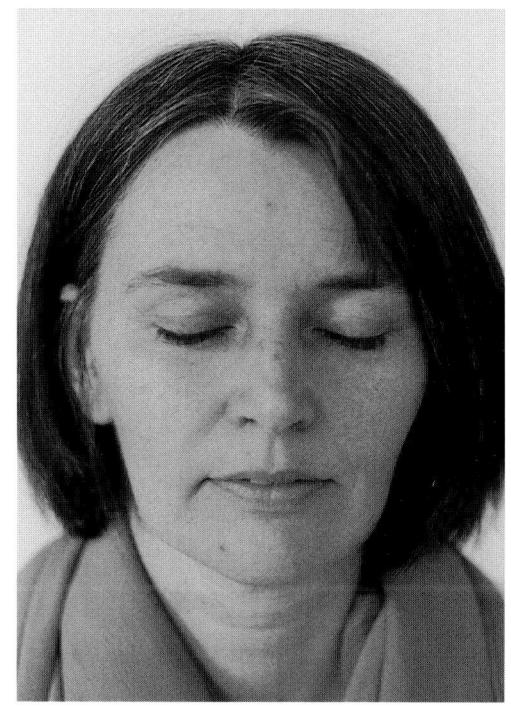

JEG SER
fjorden omgitt av skog, fjell og daler,
og med en himmel så blå, så blå,
JEG SER skogen som er kjent og trygg
med alle sine små stier, vann og tjern,
JEG SER fjellet, så øde, så stille og fritt,
JEG SER de snøkledde fjelltoppene, glitteret i sneen
og skiene som glir bortover vidda,
JEG SER det fantastiske lyset
som gjør alle farger klarere og blikket skarpere,
JEG SER de grønne dalene
med sine små tettsteder og rødmalte bondegårder,
JEG SER de små sørlandsbyene langs kysten
med sine små, hvite trehus, midt
JEG SER de varme, lange og lyse sommernettene
og havet,

jeg ser meg om her,
og jeg leter,
men, jeg finner det ikke.

Ich sehe
den Fjord umgeben von Wäldern, Bergen und Tälern
und mit einem Himmel so blau, so blau.
Ich sehe den Wald, der mir vertraut ist,
mit all seinen Wegen, Gewässern und den kleinen Waldseen.
Ich sehe die Berge, so einsam, so still und frei.
Ich sehe die schneebedeckten Bergspitzen, das Glitzern im Schnee
und die Skier, die über die Hochebene gleiten.
Ich sehe das phantastische Licht,
das alle Farben klarer macht und den Blick schärfer.
Ich sehe die grünen Täler
mit ihren kleinen Orten und den rot gestrichenen Bauernhöfen.
Ich sehe die kleinen Städte entlang der Küste
mit ihren kleinen, weißen Holzhäusern.
Ich sehe die warmen, langen und hellen Mittsommernächte
und das Meer.

Ich sehe mich hier um,
und ich suche,
aber ich finde es nicht.

Nach Deutschland gekommen bin ich wegen der großen Liebe. Das war keine rationale Entscheidung, kein Abwägen von Vor- und Nachteilen. Ich habe mein Herz sprechen lassen. Heute glaube ich, daß dieser Entschluß viel mutiger war, als es mir damals bewußt gewesen ist. Am Anfang habe ich mir nie gesagt, ich bin eine Ausländerin in Deutschland. Ich habe mir gesagt, ich bin ich. Alles war neu, dieser Aspekt überwog. Aber einige Wochen später habe ich mich sehr hilflos gefühlt. Ich hatte meinen Beruf aufgegeben und habe in mir so etwas wie einen Identitätsverlust gespürt. Wer bin ich eigentlich, habe ich mich gefragt. Ich bin nichts, schoß es mir durch den Kopf, wenn ich mich in der Kölner Innenstadt inmitten der vielen Menschen um mich herum gesehen habe, in einer riesigen Menschenmenge mit einem mir fremden spannungsgeladenen Bewegungsrhythmus, der die Gesichter beziehungslos nebeneinander verschwimmen und einzelne Menschen verlorengehen läßt. Ein solches Bild, so viele hastig dahinströmende Menschen, kannte ich nicht aus Norwegen, aus Oslo. Erschlagen hat mich am Anfang die Hilflosigkeit, nicht Deutsch sprechen zu können. Ich habe nur einfache Sätze zustande gebracht und wenn möglich am liebsten überhaupt nichts gesagt, weil ich mir nicht zugetraut habe und nicht wußte, ob ich es schaffen würde, ohne Stottern zu sprechen. Ich habe mich wie zugeschnürt gefühlt. Als ich mich in der Volkshochschule zu einem Deutschkurs angemeldet habe, stand ich in einer langen Schlange mit vielen anderen Ausländern. Das war kein gutes Gefühl. Mit einemmal wurde mir diese Trennung deutlich: Da sind die Deutschen, und hier sind wir, die Ausländer, die nicht dazugehören, die außen vor stehen.

Mittlerweile bin ich in Köln zu Hause. Aber ich empfinde die sechs Jahre, die ich jetzt schon hier lebe, als eine kurze Zeit. Daß diese Zeit relativ gesehen eigentlich doch recht lang ist, will ich manchmal gar nicht so richtig wahrhaben. Ich lebe mit dem Gefühl, mit meinen beiden Füßen in zwei Ländern zu stehen. Ein Fuß ist immer noch in Norwegen, der andere steht hier auf festem Boden. Manchmal frage ich mich, wie soll das weitergehen? Ich möchte doch so gerne meine beiden Füße behalten. Aber wenn ich heute nach Norwegen komme, stelle ich fest, daß ich etwas von dem, was ich hier in Deutschland habe, vermisse: Dazu zählen die Vielzahl der Angebote, Gelegenheiten und Möglichkeiten, die sich hier bieten, das spannende Lebensgefühl, der dynamische Lebensrhythmus. Norwegen ist ein kleines Land mit viel weniger Menschen und einem geruhsamen Lebensstil, was ich auch sehr liebe. Aber wenn man einmal eine andere Lebensart kennengelernt hat, sieht man das eigene Gewohnte mit einem distanzierten und geschärften Blick, der auch Nachteile erkennbar macht, die man vorher nicht gesehen hat.

ÖSTERREICH

Sich jeder Situation
anpassen zu können
und aus ihr das Beste
machen zu können.

Ulrike Sonne

Sich jeder Situation anpassen zu können und aus ihr das Beste machen zu können!

Meine Mutter war eine geborene Berlinerin. 1954 wollte sie unbedingt zum Wirtschaftswunder nach Deutschland zurück. In Wien war ja nichts. Wir haben erst 1956 den Staatsvertrag bekommen. Sie können sich nicht vorstellen, wie Wien aussah nach dem Krieg. Wir wohnten im dritten Bezirk. Bei uns waren die Engländer. Der vierte Bezirk war russisch. Wir brauchten nur die Hauptstraße hochzugehen, dann waren wir bei den Russen. Aber alle Trümmer und Ruinen waren in Wien mit Erde zugeschüttet und eingeebnet worden. Obendrauf hatte man Büsche gepflanzt. Den Anblick von Zerstörung waren wir nicht gewohnt. Als wir in Köln ankamen, standen meine Mutter, meine Schwester und ich ganz erschüttert vor den Ruinen des alten Opernhauses.

Später habe ich dann eine Lehre in einem Kölner Einrichtungshaus gemacht. Dort habe ich meinen Mann kennengelernt. Als ich ihn zum erstenmal sah, bezog er gerade einen knallgelben Sessel für einen großen Kölner Konzern. Der Sessel paßte wunderbar zu ihm, weil er »Sonne« mit Nachnamen heißt. Von diesem Mann war ich auf der Stelle hin und weg.

Heute fühl' ich mich als Kölnerin. Als Deutsche sehe ich mich nicht, aber auch nicht als Österreicherin. Ich bin ich. Ich will in Ruhe leben, soviel wie möglich in mir aufnehmen und sowenig wie möglich Vorurteile haben.

PALÄSTINA

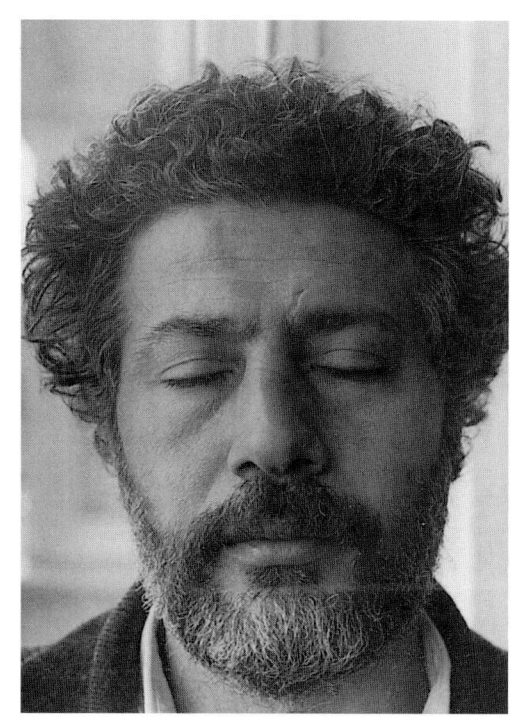

كباقي الفلسطينيين أعاني من "تراوما" الطرد سفر بلا عودة...
هل لهذا ما زال مكان حدوث الحلم فلسطين ؟؟
يغترب المرء حالماً بإضافة جديد إلى ذاته...
نعم، لقد اتسعت الرؤيا و تحقق بعض الحلم... أما رموزه فهُم،
حنين و نديم و وجوه أخرى لن أنساها.. و مدينة رحيمة.
لكن..
اتسع اغترابي ايضاً....

اشتراكي في اللقاء بإيماني بالتفاهم السلمي بين الشعوب رافضاً سوء استخدامه

Wie alle Palästinenser leide ich am Trauma der Vertreibung.
Ist es eine Reise ohne Rückkehr?
Liegen deshalb die Orte meiner Träume immer noch in Palästina?
Man emigriert mit dem Traum, daran zu wachsen.

Ja, die Vision wurde erweitert und
der Traum verwirklicht, zum Teil:

Mit Hilfe von Hanin, Nadim und vielen anderen Menschen
und einer den Menschen zugewandten Stadt.

Doch
meine Entfremdung ist gleichzeitig
gewachsen.

Nirgendwo habe ich so lange gelebt wie in Köln. Ganze 19 Jahre lang. Ob ich mich hier zu Hause fühle? Sagen wir, zur Zeit würde ich mich an keinem anderen Ort wohler fühlen. Ob sich jemand fremd fühlt oder nicht, hat nur bedingt etwas mit Geographie zu tun. Auch viele meiner deutschen Freundinnen und Freunde fühlen sich in Deutschland wie Fremde im eigenen Land. Meiner Beobachtung nach nimmt die Zahl der »Außenseiter« in allen Gesellschaften zu. Nationale Zugehörigkeit ist ein Relikt und verliert ständig an Bedeutung, während ein kosmopolitisches Selbstverständnis an Bedeutung gewinnt.

Auch wenn ich mich in Köln wohl fühle, trägt mein Hiersein – aufgrund meiner palästinensischen Herkunft und der israelischen Besatzung – Spuren eines Exils. Es bleibt schwer zu ertragen, wenn man nicht jederzeit an den Ort seiner Kindheit zurückkehren darf, man fühlt sich eines Teils seiner Person beraubt. Die Tatsache, daß ich unter israelischer Besatzung aufgewachsen bin, hat mich für jede Form von Unterdrückung und Diskriminierung sensibilisiert. Auch wenn ich persönlich nicht allzu häufig mit Rassismus konfrontiert werde – weil Köln freundlicher ist als andere Orte –, spüre ich dennoch, daß in den letzten Jahren – seit der Wiedervereinigung – eine zunehmende Bedrohung in der Luft liegt. Wie prekär die Situation auf politischer Ebene ist, zeigte sich an der Verschärfung der Ausländer- und Asylgesetzgebung und der Debatte um die doppelte Staatsbürgerschaft.

Schade, daß das Prinzip vom »leben und leben lassen« sich in der Bonner bzw. Berliner Politik bislang nicht durchsetzen konnte.

PERU

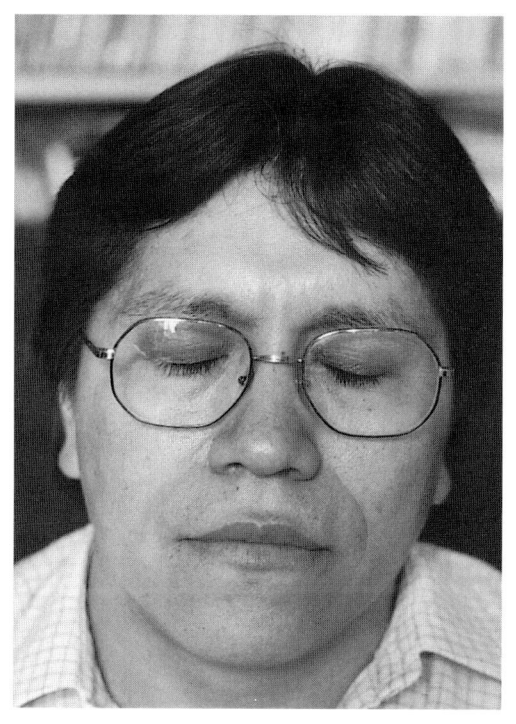

En los últimos años he aprendido a vivir sin fronteras espirituales, soy un hombre del mundo, internacionalista; trato de sacudirme de los últimos vestigios de patriotismo y nacionalismo. Lamentablemente las fronteras físicas existen y son como camisas de fuerza para los hombres del mundo.

Walter Lingán.

*Ich habe gelernt, ohne Grenzen zu leben,
ich bin ein internationaler Mensch geworden,
ich versuche, die letzten Reste von Patriotismus
und Nationalismus aus mir zu entfernen.
Grenzen sind Zwangsjacken für die Menschen dieser Welt.*

Ich war schon sehr früh politisch aktiv. Mit 18 Jahren wurde ich in einem Elendsviertel von Lima zum Vertreter der Vereinigten Linken gewählt. Gleichzeitig habe ich angefangen, Medizin zu studieren. Ich habe auch begonnen, Lyrik und Prosa zu schreiben. Meine Gedichte wurden in einer Zeitung veröffentlicht, die für die Menschen in den Elendsvierteln bestimmt war. Später habe ich mit Gewerkschaftsvertretern und Arbeitern eine eigene Zeitung herausgegeben, die aber schon nach einem Jahr verboten wurde. Unser Chefredakteur und andere Mitarbeiter wurden verhaftet und kamen ins Gefängnis. Wir haben weitergemacht. Ich habe mein ganzes Geld und meine gesamte Freizeit in eine neue Zeitung investiert. Sie hieß »Die Meinung des Elendsviertels«. Wir wollten Demokratie. Aber die erste frei gewählte Regierung unseres Landes unter Präsident Belaunde brachte uns nur eine Scheindemokratie. Die Macht der Militärs war ungebrochen. Die Korruption blühte weiter. Wir haben auf die Probleme der Bevölkerung aufmerksam gemacht. Deshalb wurden wir von den Militärs bedroht. Ich wurde mehrfach überfallen. Viermal war ich im Gefängnis, einmal für ein halbes Jahr. Durch meine Arbeit für Demokratie und Menschenrechte hatte ich Leute aus dem Ausland kennengelernt, deutsche Medizinstudenten, die in Peru ihr Praktikum machten, und Vertreter der französischen Menschenrechtskommission. Die Franzosen haben mir das Angebot gemacht, nach Europa zu kommen, wenn ich in Gefahr sei. Nach langer Diskussion mit meiner Familie und mit meinen Kollegen habe ich mich schließlich entschieden, Peru zu verlassen. Gelandet bin ich aber nicht in Frankreich, sondern in Deutschland.

Lange Zeit in Deutschland bleiben wollte ich eigentlich nicht. Aber ich bin geblieben und fühle mich hier zu Hause. Viele meiner Landsleute haben Probleme mit den Deutschen und schimpfen ständig, die Deutschen seien kalt, unfreundlich, wollten immer ihre Ruhe haben und hätten Katzen und Hunde lieber als Kinder. Ich fühle mich in Deutschland sicherer als in Peru. In Peru bin ich immer nur der Indianer. Ich werde beschimpft mit meinem indianischen Gesicht, das ich nicht ändern kann. Für die Deutschen bin ich auch »der Indianer«, aber wenn sie »Indianer« zu mir sagen, ist das nett gemeint.

PHILIPPINEN

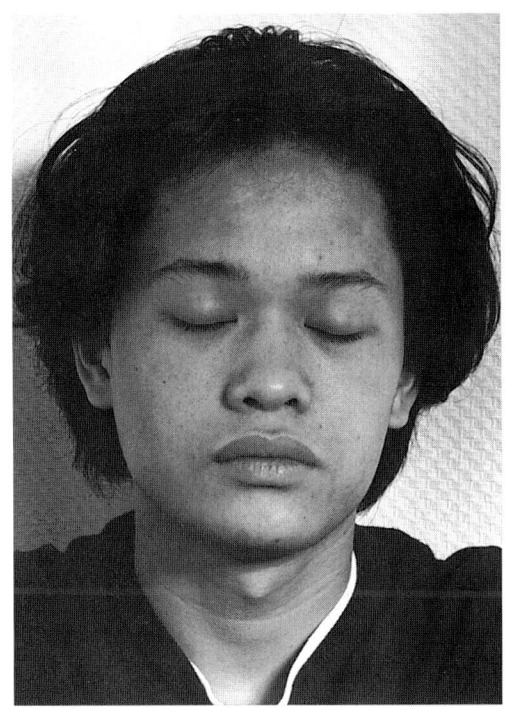

Oh, Mann!
Hier wird mein Lebensmotto verlangt. Schreiben ist nicht meine Stärke aber ihr müßt wissen das ich mir schon Gedanken um mein Leben mache und um das Eure auch. Und das geschieht meist abends. Man läßt seinen Gedanken freien Lauf und was passiert, ist das überwiegend Stress, Probleme und Ärger reflektiert werden...
Ich glaube es ist doch Uhr und tagsüber habe ich keine Lust mich mit sowas auseinander zusehen.
Mein Lebensmotto? Habe wohl keins! Und wenn, steckt das bei mir tief tief im inneren und kann es euch nicht schriftlich offenbaren.

Oh, Mann!
Hier wird mein Lebensmotto verlangt.
Schreiben ist nicht meine Stärke aber ihr müßt wissen, daß ich mir
schon Gedanken über mein Leben mache und über das Eure auch.
Und das geschieht meist abends.
Man läßt seinen Gedanken freien Lauf,
und was passiert, ist,
daß überwiegend Streß, Probleme und Ärger reflektiert werden...
Ich glaube, es ist drei Uhr,
und tagsüber habe ich keine Lust,
mich mit so was auseinanderzusetzen.
Mein Lebensmotto?
Habe wohl keins!
Und wenn, steckt das bei mir tief, tief im Inneren
und ich kann es Euch nicht schriftlich offenbaren.

Deutschland, das ist jetzt meine Heimat. Ich bin seit meinem vierten Lebensjahr in Deutschland, weil meine Mutter einen Deutschen geheiratet hat. Seitdem waren wir noch zweimal auf den Philippinen, zuletzt vor 13 Jahren. Ich habe nur noch ganz vage Erinnerungen daran. Irgendwann werde ich mal auf die Philippinen fliegen, um das Land kennenzulernen. Vielleicht werde ich versuchen, meinen Vater zu finden, den ich nicht kenne. Meine Mutter hat alle Kontakte hinter sich abgebrochen. Sie schreibt nicht an Verwandte.

In der Schule wissen alle, daß ich von den Philippinen komme. Das ist kein Problem. Ich bin hier noch nie dumm angemacht worden. Ab und zu beobachte ich Leute, die immer in Gruppen rumhängen. Die provozieren die Deutschen. Die meinen, sie kämen aus einem anderen Land und müßten hier irgend etwas durchsetzen. Das habe ich nicht nötig.

POLEN

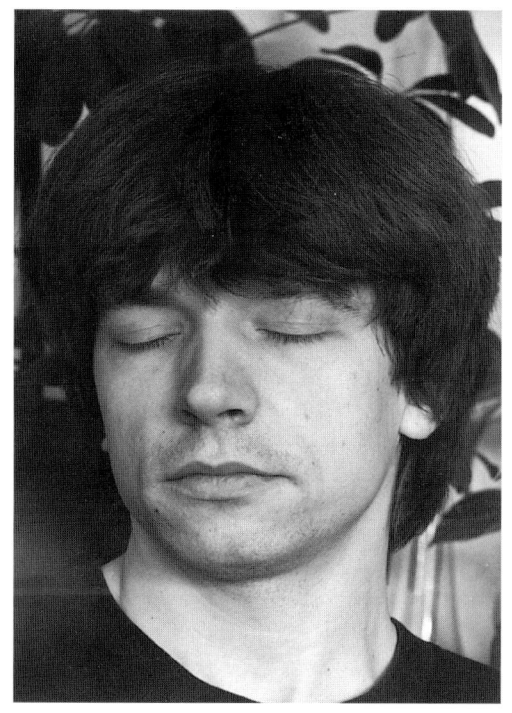

Theo powinien częściej wpadać
do Łodzi, w odwiedziny.

T. ~~~~~~ 84'

*Theo soll öfter nach Lodz kommen –
zu Besuch!*

Für mich hat das Leben in Deutschland erst angefangen. Als ich nach Köln kam mit 22 Jahren, gleich nach dem Abitur, hatte ich überhaupt keine Lebenserfahrung. Ich wußte nicht, was ich vom Leben will. Das hat sich erst hier, in Köln, herauskristallisiert. Was mich neulich überrascht hat, ist, daß ich jetzt von Leuten die Bezeichnung »Ausländer« höre, die mich seit Jahren kennen und die die Tatsache, daß ich Ausländer bin, vorher nie zur Sprache gebracht haben. Verwundert stelle ich fest, daß ich erst jetzt, zehn Jahre später, als Ausländer bezeichnet werde.

Daß die Polen faul und Händler und Schmuggler sind und im Chaos leben, sind Klischees, auf die man in Deutschland trifft. Irgendwie nehmen die Deutschen die Polen nicht so ganz ernst. Besondere Probleme mit der deutschen Vergangenheit habe ich nicht. Bei meinen Eltern ist das anders. Die haben den Krieg miterlebt, und der Vater meiner Mutter ist in Lodz von den Deutschen zur Zwangsarbeit verurteilt worden. Ich stelle es mir für die Deutschen schwer vor, mit ihrer Vergangenheit umzugehen.

Ich habe als Student mal für eine Leihfirma auf einer Großbaustelle gejobbt. Da sagte ein 25jähriger Kollege in meiner Anwesenheit zu seinem Freund, es sei doch eine Unverschämtheit, daß solche wie ich nach Deutschland kämen und auf Kosten der deutschen Steuerzahler studieren würden. Wenn der Hitler damals gesiegt hätte, gäbe es so etwas heute nicht. In Deutschland entschuldigt man die Neonazis immer und sagt, sie hätten eine schlechte Erziehung gehabt oder die Eltern seien Alkoholiker gewesen. Man versucht immer, einen Grund dafür zu finden, warum sie so sind. Aber ein Grund sauer zu sein, das ist für mich keine Entschuldigung. Man sollte die Leute ganz klar bestrafen und solche Einstellungen aus den Köpfen schaffen.

PORTUGAL

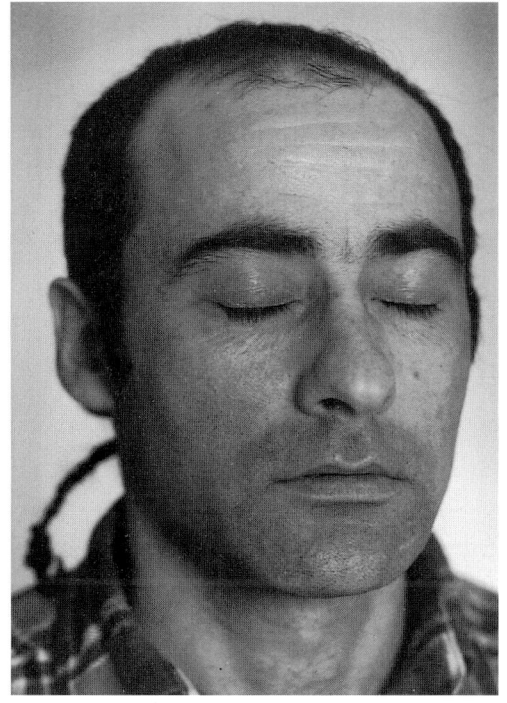

O mais importante para mim
é a minha liberdade, e a liberdade
dos outros. Liberdade é viver.

Vasco António Medeiros Ferreira

*Das Wichtigste für mich ist Freiheit,
meine eigene und die der anderen.
Freiheit ist Leben.*

Eigentlich wollte ich bei meiner Freundin in Köln nur ein oder zwei Wochen Urlaub machen. Drei Tage vor meiner Rückreise nach Lissabon habe ich mich entschieden. Ich habe gesagt: »Ich bleibe hier.«

Ich bin viel gereist. Ich war neun Jahre lang unterwegs. Ich habe in Nordspanien bei der Apfelernte geholfen und in Frankreich und Deutschland bei der Weinlese. In Bingen am Rhein habe ich zwei Monate bei einer Winzerfamilie gelebt. In Lissabon habe ich als Koch in einem französischen Restaurant gearbeitet. Aber ich wollte lieber weg von zu Hause. Mein Vater hat immer gesagt: »Das ist mein Haus. Solange du hier lebst, mußt du dich nach mir richten.« Aber ich brauche meine Freiheit. Ich möchte kommen und gehen können, wann ich will. Eine eigene Wohnung ist in Lissabon genauso teuer wie in Deutschland. Nur verdienen die Leute in Portugal viel weniger, und es ist schwer, überhaupt Arbeit zu finden. Es gibt viel Armut. Man lebt entweder bei den Eltern oder muß sich hoch verschulden und kauft ein Haus auf Kredit. Ich lebe gerne in Deutschland. Daß es hier Vorurteile gegen Fremde gibt, kann und will ich nicht verstehen. Als ich gerade sechs Monate in Köln war, war ich einmal mit einem portugiesischen Freund in der Kneipe. Wir haben uns auf portugiesisch unterhalten. Ein Deutscher, der neben uns stand, fing an, uns zu beschimpfen. Wir haben gar nicht richtig verstanden, was er eigentlich wollte, nur so etwas, das so ähnlich klang wie : »Ruhe!« und »Ausländer raus!« Ein anderer Deutscher wollte ihn beschwichtigen. Wir haben die Kneipe sofort verlassen.

REPUBLIK JUGOSLAWIEN

Ja volim ovde da živim. I volim da svi nimo živimo.

Kostić Zoran

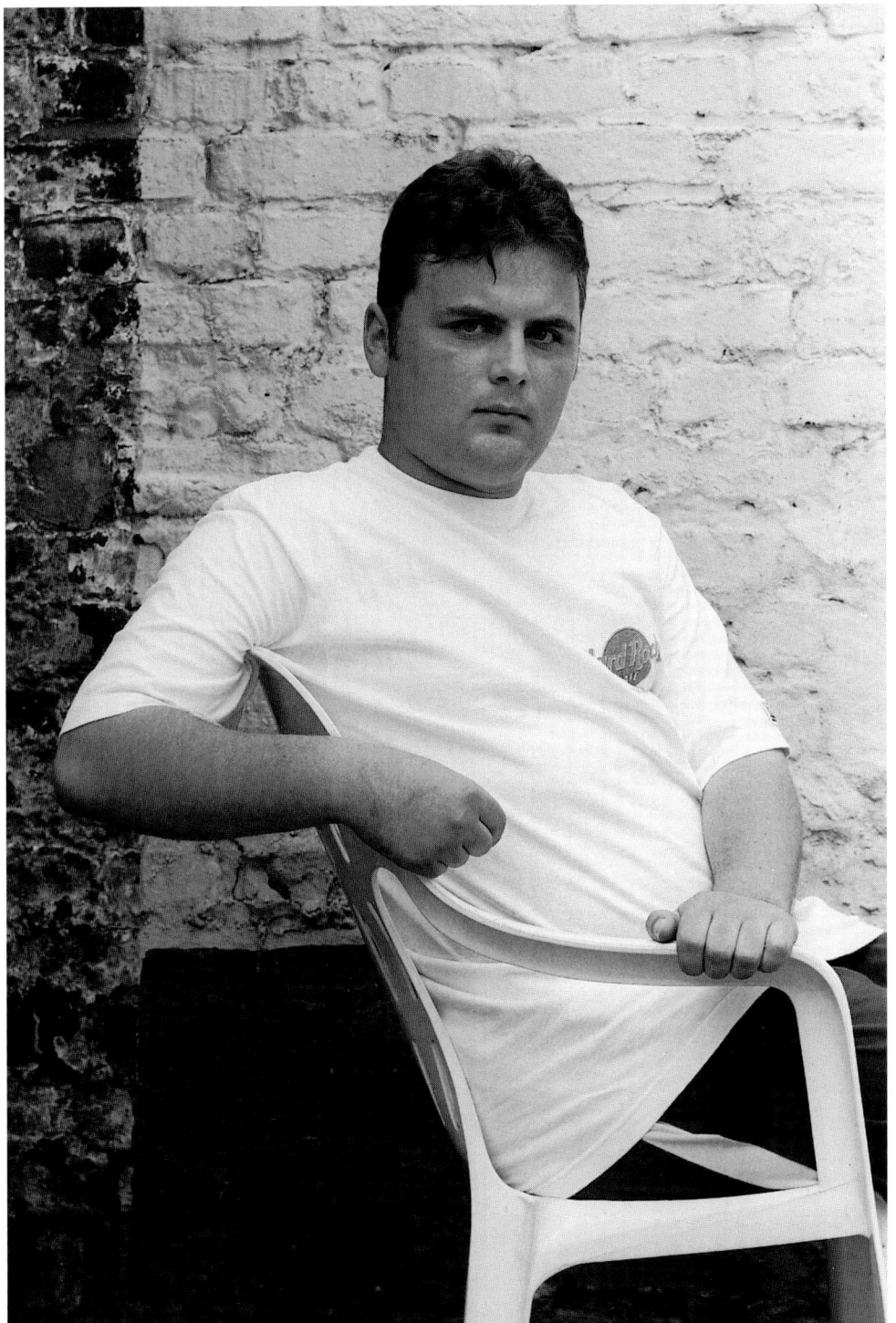

Ich möchte in Köln bleiben.
Ich wünsche mir, mit anderen in Frieden zusammenzuleben.

Ich bin in Köln geboren. Als ich ein Jahr alt war, haben mich meine Eltern nach Jugoslawien zu meinen Großeltern gebracht. Meine Großeltern leben in einem Dorf in der Nähe von Belgrad. Als meine Eltern mich mit acht Jahren nach Deutschland zurückgeholt haben, mußte ich mich in Köln erstmal eingewöhnen. Ich wußte nicht, wie es ist, in einer Großstadt zu leben, und habe über die vielen Häuser und die vielen Menschen gestaunt. Ich habe meine Freunde vermißt. In Köln in der Schule war es schwierig, neue Freunde zu finden.

Heute lebe ich gerne in Köln. Viele Leute, die so wie ich mit Nachnamen Kostič heißen, haben Jugoslawien verlassen und leben in aller Welt verstreut. Der Name Kostič ist in Jugoslawien so häufig wie »Schneider« oder »Meier« in Deutschland. Es gibt ganz viele Kostičs in Jugoslawien, aber mittlerweile auch in vielen anderen Ländern der Welt. Wir haben einmal einen Brief aus Amerika bekommen, daß in Amerika ein Buch erschienen ist, in dem die weltweite Verbreitung des Namens Kostič verzeichnet sein soll. Mein Nachname ist international.

Mit den Bosniern und den Kroaten in Köln habe ich mich immer super verstanden. Früher waren wir wie Brüder. Als der Krieg ausbrach, wurde das anders. Wenn man sich nicht kennt und nur weiß, daß der eine zu denen und der nächste zu den anderen gehört, geht man sich jetzt am liebsten aus dem Weg. Ich bedaure das. Ich habe einen deutschen Paß. Ich sage, ich bin Deutscher. Dann wird man ganz anders begrüßt.

REPUBLIK JUGOSLAWIEN/KOSOVO

LIRIA E POPULIT

Berberi

Freiheit für alle Menschen!

In Jugoslawien gibt es keine Möglichkeit, den Militärdienst zu verweigern. Wer nicht zum Militärdienst will, wird von der Polizei von zu Hause abgeholt oder auf der Straße verhaftet. Ich wollte nicht Soldat werden. Ich wollte nicht in den Krieg.

Deutschland, das war etwas ganz Neues für mich. In Deutschland gibt es Freiheit. Vor Fremdenfeindlichkeit habe ich in Deutschland keine Angst. Was hier passiert, ist mit der Situation der Albaner im Kosovo nicht zu vergleichen.

Angst habe ich in Deutschland nur davor, einem Serben zu begegnen. Man weiß nie, auf wen man trifft. Der Haß sitzt tief. Ich denke ständig an meine Eltern und meinen Bruder, die noch im Kosovo sind. Sie haben keine Möglichkeit, das Land zu verlassen. Die Grenzen sind dicht und viele Straßen gesperrt. Man kann telefonieren, aber nicht schreiben. Ich rufe fast jeden Tag zu Hause an. Aber wir können nur über Belanglosigkeiten reden. Ich frage meine Eltern, wie es ihnen geht und was sie gerade machen. Alles, was Politik und den Krieg betrifft, muß unerwähnt bleiben.

RUANDA

Kera u Rwanda rutarandurura, abakuru
barwitaga imbaga y'inyabutatu. Ninabwo
bacaga umugani ngo: "Imana yiliwa ahandi
igataha i Rwanda".
None lero umunsi bakavukire n'abakomoka bose
mu Rwanda biyunze ubumwe, mu mahoro n'u-
burwandimwe, ni nabwo Imana izongera kwiyibu-
tsa gutaha i Rwanda.

Gaitan Sebudandi

*Früher einmal sprachen unsere Vorfahren davon,
daß unsere Nation eine dreieinige sei.
Damals gab es ein Sprichwort, das besagte:
»Der liebe Gott ist den ganzen Tag unterwegs.
Aber jeden Abend kehrt er nach Ruanda zurück.
Nur in Ruanda findet er Ruhe und Schlaf.«
Dieses Sprichwort wird erst dann wieder Wahrheit sein, wenn alle
Ruander, die heute in Ruanda und in aller Welt verstreut im Exil
leben, in Einigkeit gemeinsam beschließen, daß sie wieder in Frieden und Brüderlichkeit miteinander leben wollen.*

Ich lebe schon fast eine ganze Ewigkeit in Deutschland, d.h. seit genau 35 Jahren. Gekommen bin ich als Flüchtling, aber nicht als ein offiziell anerkannter Flüchtling, der in Deutschland politisches Asyl erbeten hat. Nach meinem Studium in Belgien konnte ich nicht mehr nach Hause zurückkehren, weil meine ganze Familie bereits aus Ruanda vertrieben worden und in die Nachbarländer Burundi, Zaire, Uganda und Tansania geflohen war. In diesen Ländern habe ich zwei Jahre als Journalist gearbeitet. Dann bot sich mir die Gelegenheit, in Deutschland bei der Deutschen Welle in Köln in der Afrikaredaktion tätig zu werden. Dieses Angebot habe ich natürlich sofort angenommen, nur provisorisch, wie ich damals dachte.

Ich gehöre zu der Gruppe der Tutsi, für die es in Ruanda seit 1959 einfach keinen Platz mehr gab. Die nach oberflächlicher Analyse als ethnisch bezeichneten Konflikte zwischen Hutu und Tutsi waren schon seit Ende der 50er Jahre im Gang, schon vor der Unabhängigkeit. Das hing mit den Veränderungen in der belgischen Kolonialpolitik als Reaktion auf die ersten nationalistischen Bewegungen der ehemaligen Tutsi-Aristokratie zusammen, die die intellektuelle Elite des Landes bildete und sich für die Unabhängigkeit engagierte. Von der Unabhängigkeit Ruandas wollte die belgische Kolonialmacht nichts wissen. Als Gegenmaßnahme hat man angebliche antagonistische Tendenzen zwischen Hutu und Tutsi als Ersatzlösung geschürt, benutzt und argumentiert, eine Unabhängigkeit Ruandas sei nicht akzeptabel, solange die große Mehrheit der Hutu-Bevölkerung von einer Tutsi-Minderheitselite dominiert werde. Die Bevölkerung Ruandas, die drei Volksgruppen der Hutu, der Tutsi und der Twa, wurde durch nichts anderes als durch einen Mythos der belgischen Kolonialmacht gespalten. Ethnisch sind die drei Bevölkerungsgruppen überhaupt nicht voneinander zu trennen. Hutu, Tutsi und Twa sprechen die gleiche Sprache, wir haben die gleiche Kultur und die gleiche Religion und leben im gleichen Land. Nur war unsere Gesellschaft traditionell natürlich etwas anders organisiert als eine moderne Demokratie. Ruanda war ein Königreich mit feudalistischen Strukturen und einer hierarchisch gegliederten Gesellschaftsordnung, die auf Arbeitsteilung beruhte. Die Tutsi mit ihren Kühen, die die aristokratische Oberschicht bildeten, waren ursprünglich Hirten, die Hutu Bauern und die Twa Jäger. Aber diese drei Bevölkerungs- oder Gesellschaftsgruppen bildeten einmal eine nationale Einheit und ein Volk, das seit Jahrhunderten friedlich miteinander lebte.

Der zerstörte Frieden Ruandas ist bis heute nicht wiederhergestellt. Seit vier Jahren besteht für die Tutsi zwar die Möglichkeit einer Rückkehr, aber ich bin nicht glücklich mit der derzeitigen militärisch erzwungenen Lösung. Für mich kann es keine Rückkehr geben, solange die Mehrheit der Bevölkerung Ruandas damit nicht einverstanden ist. Gegen den Willen der Mehrheit wird es für Ruanda keinen Frieden und keine neue Zukunft geben.

Ich bin in Deutschland nicht zu Hause. Nicht, weil ich mich hier nicht integriert fühle, sondern weil ich aus freiem Willen immer Ruander und Afrikaner geblieben bin und bleiben werde. Ich bin aber der Meinung, daß es für mich leichter war, all die Jahre in Deutschland zu leben, als für meine Verwandten im Exil in den ruandischen Nachbarstaaten. Von Deutschland aus habe ich den Vorteil der Distanz zum Geschehen in Ruanda. Nähe verstärkt nur die Frustration. Ich habe frei gewählt, hier zu leben. Ich bin der Meinung, daß dieses Recht jedem Menschen zugestanden werden sollte.

RUMÄNIEN

Orice sfârșit este un nou început

Jedes Ende ist ein neuer Anfang.

Zu Anfang habe ich mich in Deutschland sehr fremd gefühlt. Als ich zum erstenmal in einem großen Einkaufszentrum war, bin ich nach ein paar Minuten gleich wieder rausgegangen. Ich konnte dieses Überangebot, diese Unmengen von Konsumgütern, nicht länger ertragen. Ich mußte raus. Ich habe Kopfschmerzen bekommen. Ich wollte alles auf einmal sehen, aber das ging nicht. Es war zuviel. In den ersten eineinhalb Jahren hatte ich auch nur wenige deutsche Freunde. In der Schule hieß es: »Tschüs, bis morgen!« Mehr war da nicht. Es war schwierig, Kontakte herzustellen. Ich mußte erst einmal herausfinden, wie die anderen zu mir sind, ob sie es wirklich ehrlich oder eigentlich ganz anders meinen. In Rumänien waren wir in der Schule Hunderte von Schülern und trotzdem wie eine große Familie. Nicht, daß es jeder mit jedem gekonnt hätte, aber die meisten waren untereinander total gute Freunde. Jeder kannte jeden. Jeder wußte Bescheid. Jeder machte mit.

Ich bin voller Erwartungen nach Deutschland gekommen. Ich habe in Rumänien keine Zukunft mehr gesehen. Ich dachte, in Deutschland hätte ich bessere Chancen. Ich wollte eine gute Ausbildung und ein besseres Leben. Es stimmt schon, daß man in Deutschland eine gute Ausbildung bekommt und daß man für Geld alles kaufen kann, was man sich wünscht. Das ist die eine Seite. Auf der anderen Seite stehen die zwischenmenschlichen Beziehungen. Gut, man kann ja nicht gleich mit jedem befreundet sein, aber so allgemein, wenn ich darüber nachdenke, bleiben die Kontakte zu Freunden, Bekannten und Arbeitskollegen meist ziemlich oberflächlich. Man spricht über die Arbeit und sonst nur noch über das, was eben so ankommt, daß man sich ein neues Auto gekauft oder etwas Tolles gegessen hat, über alltägliche, ganz normale Dinge, aber nicht über etwas Persönliches. Ich bin jetzt schon neun Jahre in Deutschland, und langsam gewöhne ich mich daran, daß Freundschaften hier anders sind, weniger tief und weniger fest.

RUSSLAND

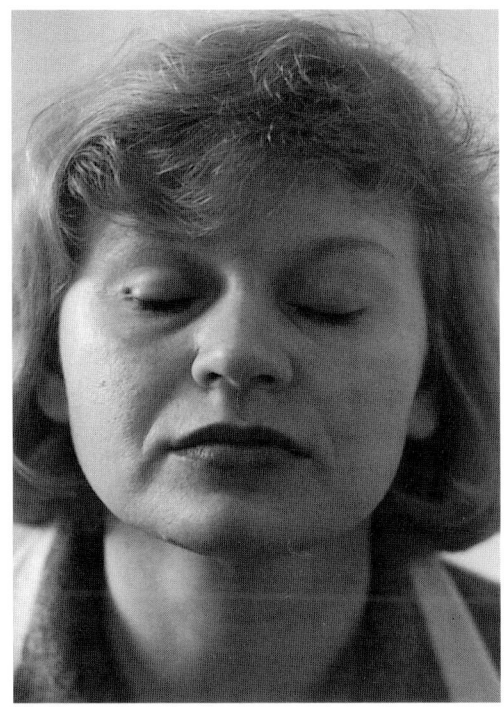

Если друг оказался вдруг
И не друг, и не враг, а – так...
Если сразу не разберёшь,
Плох он или хорош, –
Парня в горы тяни – рискни! –
Не бросай одного его:
Пусть он в связке одной с тобой –
Там поймёшь, кто такой.

Если парень в горах – не ах,
Если сразу раскис – и вниз,
Шаг ступил на ледник – и сник,
Оступился – и в крик, –
Значит, рядом с тобой – чужой,
Ты его не брани – гони:
Вверх таких не берут, и тут –
Про таких не поют.

Если ж он не скулил, не ныл,
Пусть он хмур был и зол, но шёл,
А когда ты упал со скал,
Он стонал, но держал,
Если шёл он с тобой как в бой,
На вершине стоял – хмельной, –
Значит, как на себя самого
Положись на него.

В. Высоцкий

Ludmila Knipp

Wladimir Wyssozkij

LIED ÜBER DEN FREUND

Wenn ein Freund sich ganz plötzlich zeigt
Nicht als Freund, nicht als Feind, nur – so...
Wenn Du nicht gleich begreifst, nicht siehst
Schlecht oder gut – dann ziehst
Du ihn hoch auf den Berg – riskier's
Laß ihn da nicht allein! Zu zwei'n
Hängst Du mit ihm am Seil, ja dort
Wirst Du seh'n, wer er ist.

Hast Du mit ihm am Berg – kein Glück,
Macht er schlapp und will gleich – zurück,
Macht den Schritt auf das Eis und – peng,
Stolpert, schreit und ganz eng
Wird sein Herz und da steht – ganz fremd
Dieser Mensch neben Dir – hinfort:
Solche nimmt man nicht dort hinauf
Und besingt sie hier nicht.

Wenn er aber nicht jammerte, klagte,
War er finster und bös, aber ging,
Und als Du vom Fels gefallen,
Stöhnte er, aber – hielt.
Ging er mit Dir wie in den Kampf
Stand er dann auf dem Gipfel – berauscht –
Das bedeutet, so wie auf Dich selbst
Kannst Du Dich auf ihn stützen.

Ins Deutsche gebracht von Joe Knipp

In Köln geblieben bin ich, weil ich geheiratet habe. Kennengelernt habe ich meinen Mann in Wolgograd bei einem internationalen Theaterfestival. Mein Mann konnte kein Wort Russisch und ich kein Wort Deutsch. Wir haben Lexika genommen, Worte rausgesucht und uns gegenseitig gezeigt. So haben wir uns verständigt. Dann haben wir uns ein Jahr geschrieben. Ich auf russisch und mein Mann auf deutsch. Hiergeblieben bin ich nur wegen ihm. Aber ich war neugierig, wie die Menschen hier leben.

Vor der Perestroika war es kaum möglich, in kapitalistische Länder zu reisen. Für mich war es anfangs ganz komisch, jeden Abend volle Kneipen zu sehen. »Oh Gott«, habe ich gedacht, »die Leute verschwenden hier so viel Zeit. Sie verbringen ihre Zeit in der Kneipe. Man könnte lesen oder etwas anderes machen.« In Rußland gehen die Leute nie in die Kneipe. Es gibt auch gar keine Kneipen, nur Bars und Restaurants, und die sind unbezahlbar teuer. In Rußland gibt es jetzt so viele Probleme, finanzielle und soziale. Man kann nichts kaufen. Die Stimmung ist gedrückt.

In Deutschland gibt es auch Probleme. Aber man sieht sie nicht. Wenn die Leute draußen spazierengehen, sind fast alle freundlich. In Köln kann ich morgens um zwei oder drei Uhr durch die Straßen gehen. Ich fühle mich sicher. In Wolgograd gibt es Straßen ohne eine einzige Straßenlaterne. So viele Leute sind im Stockfinstern unterwegs. Zur Straßenbahn- oder zur Bushaltestelle muß man weit laufen. Immer ist man wachsam und fragt: »Was passiert an der nächsten Ecke?« Wenn ich jetzt nach drei Jahren wieder in Rußland bin, ist das schwierig für mich. Alles ändert sich so schnell: die Sprache, die Verhaltensweisen. Ich weiß nicht, wieviel die Sachen kosten. Ich bin nicht gewohnt, mit 5000 oder 50000 Rubel umzugehen. Das ist für mich, als ob das Geld neu wäre. Und in Rußland gibt es viel Rassismus. Rassismus ist in Rußland viel schlimmer als in Deutschland.

SCHWEDEN

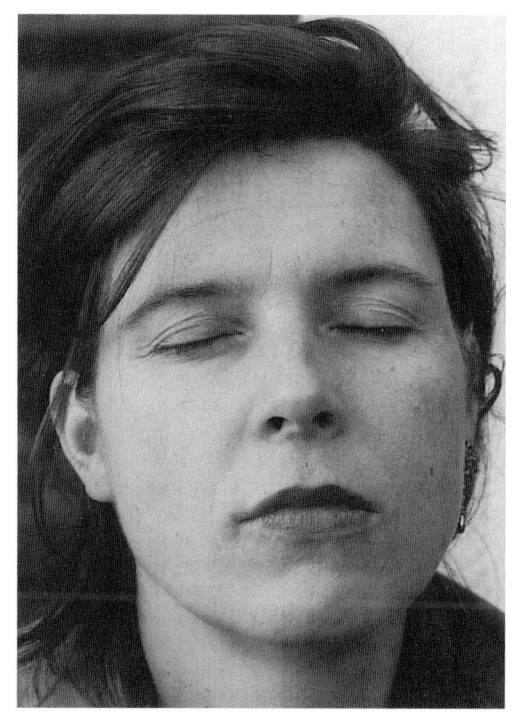

Du ska inte tro det blir sommar
ifall inte nå'n sätter fart
på sommar'n och gör lite somrigt
för då kommer sommaren snart.
Jag gör så att blommorna blommar
jag gör hela kohagen grön
och nu så har sommaren kommit
för jag har just tagit bort snön.

Idas Song

Glaub nicht, daß der Sommer kommt!
Nur, wenn ihn jemand in Gang setzt,
kommt der Sommer bald.

Ich lasse die Blumen blühn,
ich mache die Kuhweide grün,
und schon ist der Sommer da,
weil ich den Schnee weggeschaufelt hab'.
      Schwedisches Kinderlied aus einem Buch von Astrid Lindgren

Erst als ich eine Zeitlang in Köln gewohnt hatte, habe ich gemerkt, daß ich den Deutschen gegenüber Vorurteile hatte: kühl, distanziert, steif, viereckig, pünktlich und korrekt. Ein Grund für diese Vorurteile war sicherlich, daß die deutsche Sprache so hart klingt. Deswegen denkt man, daß auch die Menschen hart sind. Mit der »rheinländischen Muffigkeit« kam ich am Anfang überhaupt nicht zurecht. Wenn ich in einem Geschäft oder bei einer Behörde unfreundlich behandelt wurde, habe ich immer gedacht, daß die Leute mich nicht mögen, weil ich Ausländerin bin. Daß man sich Deutschen gegenüber genauso muffig verhält, habe ich nicht mitbekommen.

Ich wünsche mir im Alltag manchmal einen unkomplizierteren und freundlicheren Umgang miteinander. Was mir hier fehlt, ist, daß die Menschen für andere mitdenken und Rücksicht aufeinander nehmen. Ich wundere mich manchmal über direkte oder persönliche Fragen von Leuten, die ich gar nicht so gut kenne. Darauf reagiere ich distanziert.

Auf der anderen Seite kenne ich auch viele Deutsche, die sehr offen, großzügig, unkompliziert und spontan sind. (Das mit der Pünktlichkeit ist so eine Sache ...). Genauso wie es Schweden gibt, die gar nicht offen oder neugierig sind. Es kommt einfach immer auf den einzelnen Menschen an, egal, ob Deutscher oder Schwede oder ...

Das Leben ist in Deutschland irgendwie bunter und grauer zugleich. Eine spannende Mischung. Was mir in Köln gefällt, ist die Offenheit gegenüber anderen Menschen und anderen Lebensstilen. Es gibt viele Möglichkeiten, eine eigene »Nische« zu entdecken und nach seinen eigenen Vorstellungen zu leben. Manchmal, wenn ich in Schweden bin und mir jemand irgend etwas über die Deutschen und ihr komisches Verhalten erzählt, ertappe ich mich dabei, daß ich die Deutschen in Schutz nehme. Bei mir ist es jetzt so: Wenn ich nach Schweden fahre, fahre ich nach Hause. Wenn ich nach Köln zurückfahre, fahre ich auch nach Hause. Ich habe mittlerweile zwei Zuhause.

SCHWEIZ

Mittlerweile fühl i mi als Touristin in minere
Heimat wenn i ab und tue in d'Schwiiz
fahr, und wider zrugg in Dütschland, weiss
ich, dass es guet isch für mi nüme dört
z'läbe woni ufgwachse bi.

Bettina Hamel Marugg

Mittlerweile fühle ich mich als Touristin in meiner Heimat. Wenn ich ab und zu in die Schweiz fahre und wieder in Deutschland bin, weiß ich, daß es gut ist für mich, nicht mehr da zu leben, wo ich aufgewachsen bin.

Ich bin als Kind mit dem in der Schweiz weitläufig verbreiteten Vorurteil aufgewachsen, die Deutschen seien blöd, arrogant und würden Mercedes fahren. Die Schweizer haben zu Deutschland ein gespaltenes Verhältnis. Sie pflegen so eine Art Haßliebe und schwanken zwischen Verachtung und Bewunderung. Neben dem großen Nachbarn fühlen wir uns als Kleinstaatler unterlegen. Es ist aber nur fast so, daß ich gerne Schweizerin bin. Schweizerin bin ich nur, wenn ich woanders lebe. Was ich in der Schweiz nicht aushalten kann, das sind all die vielen Konventionen und Traditionen, das brave Bürgertum mit seiner vermeintlichen Moral, seinem Stolz und seiner Überheblichkeit, das Eingebundensein in die Familie und die Stärke der familiären Bindungen. Es sind die Zwänge des wohlgeordneten Bürgerlebens und nicht die hohen Berge, die die Bretter vor den Köpfen der Schweizer entstehen lassen. Wohl fühle ich mich nur da, wo sich Kulturen überschneiden. Daß in der Schweiz drei Sprachen gesprochen werden, gefällt mir gut. Manche meiner Landsleute können bis heute nicht verstehen, daß ich freiwillig nach Deutschland ausgewandert bin. Es muß aber was dran sein an Deutschland, denn ich lebe seit zehn Jahren hier und finde es gut. Trotz zeitweiliger Sehnsucht nach dem Jura, dem Prättigau, dem Engadin bin ich froh, dem beengenden Lebensgefühl, das sich für mich auch mit der schönen Schweizer Bergwelt verbindet, entkommen zu sein. Ich empfinde es in vielerlei Hinsicht als einen Gewinn, in Deutschland und in Köln zu leben. In Ehrenfeld, wo ich wohne, gefällt mir das Klima. Es ist überall laut und schmutzig, und ständig höre ich irgendwo Musik, türkische und andere. Ehrenfeld ist für mich so etwas wie eine Insel. Ich sehe hier in Ehrenfeld ganz deutlich, daß es möglich ist und gut funktionieren kann, wenn verschiedene Kulturen zusammenleben. Hier ist etwas zusammengewachsen. Ich spüre, daß es möglich ist, so zu leben. Das andere, was hinter den Vorhängen passiert, spüre ich natürlich auch. Aber ich will einfach nicht, daß da etwas anderes ist.

SIERRA LEONE

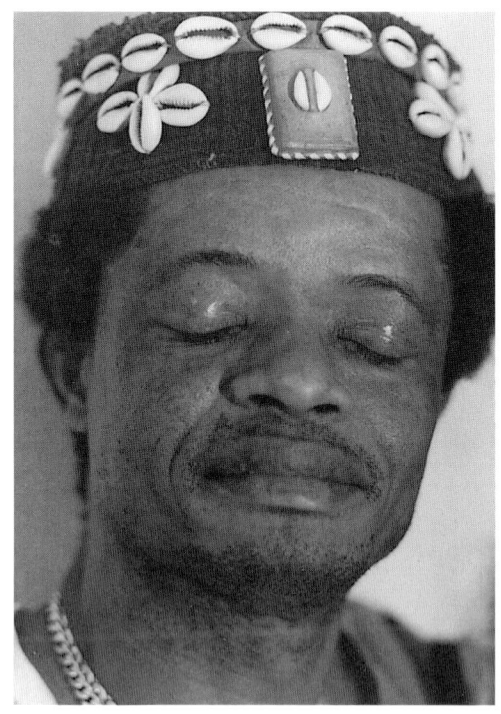

Are want this wall for join.

Bangura.

Wir sind gegen Krieg für die Einheit der Welt.

Man muß den Leuten hier in Deutschland immer wieder ganz deutlich sagen: »Nein, ich bin nicht so, wie du denkst. Ich bin ganz anders.« In Deutschland gibt es Leute, die Fremde hassen aus einem Grund, der kein Grund ist und kein Grund sein darf. Es gibt andere Leute in Deutschland, die versuchen, das, was dieser Haß angerichtet hat, wiedergutzumachen. Aber wir haben in Afrika ein Sprichwort: »Was ein einzelner Mensch zerstört hat, ist nicht mehr rückgängig zu machen, auch nicht, wenn sich tausend andere Menschen darum bemühen.«

Wenn man mich fragt, warum ich eigentlich nach Deutschland gekommen bin, werde ich sauer. Ich glaube, daß jeder Mensch auf der Welt das Recht hat, dahin zu gehen, wo er hingehen will und wo er glaubt, eine Chance zu haben, besser leben zu können als in dem Land, in dem er geboren wurde. Ich bin auf einer Tournee mit der Tochter von Miriam Makeba nach Deutschland gekommen. Die Leute haben uns überall zuvorkommend behandelt und sich zu uns runtergebeugt, wenn sie mit uns sprechen wollten. Wir waren Stars. Aber das hat sich schnell geändert. Als es darum ging, in Köln eine Wohnung zu bekommen, hatte ich das Gefühl, nur noch Abfall zu sein. Auf den Behörden läßt man dich deutlich spüren, daß du ein Nichts bist, daß du zu dieser Gesellschaft nicht dazugehörst.

In Deutschland zu leben entspricht nicht meinem Wunsch. Ich lebe in Deutschland, weil in Sierra Leone die Korruption blüht und ich keinen Ersatz für mein Leben habe.

SINGAPUR

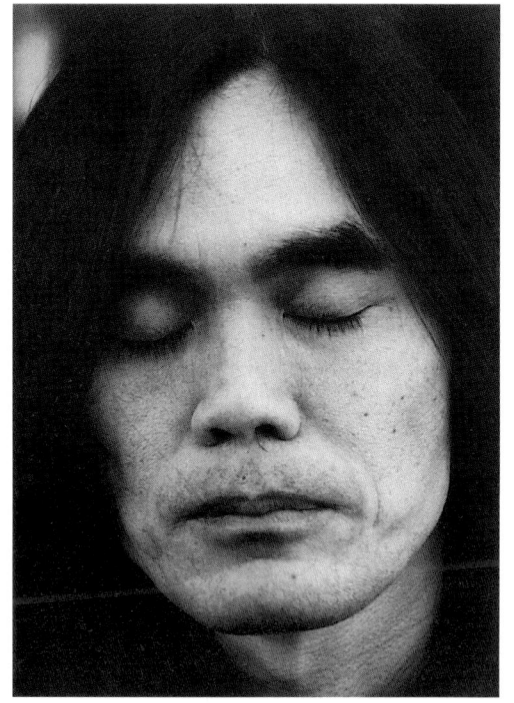

Menschlichkeit als Bewegungskreislauf der fünf Grundelemente im Uhrzeigersinn: gegenseitige Ergänzung erzeugt Harmonie, unkontrolliertes Aufeinanderprallen verursacht Konflikte.

Kultur ist einer der wichtigsten Grundsteine jeder Gesellschaft. In den Gesellschaften der sogenannten Dritten Welt – ich weiß, daß dieser Begriff fragwürdig ist und einen bitteren Beigeschmack hat – findet man auf dem Gebiet der Kultur sehr viel Unsicherheit und Ziellosigkeit. Man weiß nicht, in welche Richtung man gehen soll. Ich glaube, daß diese Orientierungslosigkeit mitverursacht wird durch die Globalisierung der Marktwirtschaft, von der ja nur ganz wenige profitieren, und von einem in der westlichen Welt mittlerweile egozentrisch ausgeprägten Verlangen nach individueller Selbstverwirklichung, die keine Grenzen kennt.

Gesellschaften, die kein Bewußtsein für ihre eigene Kultur entwickeln, sind aber leicht zu manipulieren. Das passiert auch in Singapur. Der Staat bestimmt alles. Es gibt sogar staatlich verordnete Kampagnen, die den Menschen beibringen sollen, zueinander nett, rücksichtsvoll und höflich zu sein. Als ob Menschen nicht selber wüßten, wie sie miteinander umzugehen haben. Freundlichkeit, gegenseitige Rücksichtnahme und Höflichkeit sind menschliche Grundverhaltensweisen, die aber niemand in einem menschenunfreundlichen Umfeld erzwingen kann, in dem es für Menschlichkeit viel weniger Raum als für technischen Fortschritt gibt. Was ist das für eine Gesellschaft, in der der Staat Menschlichkeit zu einem Ordnungsprinzip erheben muß? In Singapur wird alles, auch die Zukunft der Schüler, staatlich gelenkt. Die besten Schüler mußten Physik und Chemie, die zweitbesten Mathematik, die drittbesten Biologie und die viertbesten Erdkunde und Stenographie studieren. Nur die schlechtesten Schüler studierten Kunst. Deshalb hatte ich, der ich zum Physik- und Chemiestudium gezwungen war, schon als Kind, ohne mir dessen bewußt zu sein, eine negative Vorstellung von Kunst. Daß diese Einstellung auf Manipulation beruhte, ist mir erst später klar geworden.

Heute ist für mich als Künstler, der sich innerhalb eines konzeptionellen und institutionellen Rahmens gezielt mit sozialpolitischer Kritik auseinandersetzt, der Westen ein idealer Arbeitsort. Über Europa hinaus baue ich ein Netzwerk mit Künstlern aus Asien auf, dessen Konzept auf der Auseinandersetzung mit westlichen postkolonialen Verhaltensmustern beruht und auf dem Weg der Kunst durch interkulturelle Kommunikation und Diskussion die Entwicklung von weltoffenen Gesellschaften anstrebt. Es ist wichtig, für nichtwestliche Positionen, Philosophien und Ideen Öffentlichkeit und Akzeptanz zu erreichen. Wir brauchen Vielfalt und Entscheidungsmöglichkeiten. Begegnungen zwischen Kulturen sollten nicht von den Projektionen einer einzigen, weltweit vorherrschenden Kultur getragen sein.

SLOWAKEI

Človek a ľudstvo sa odlišuje
od ostatných daností prírody slobodnou vôľou
– t. j. tým, že sa aspoň tak usiluje svoje osudy
podľa vlastných predstáv a ideálov (t. j. cieľavedome)
usmerňovať. Týka sa to i otázky tzv. exilu, či emigrácie.
Ono sa "to" stalo (obsadenie tzv. ČSSR Rusmi v r. 1968).
Na druhej strane je "to" aj šanca, ktorá sa núka k
využitiu. Kolín nad Rýnom poskytuje k tejto šanci
(aspoň pre toho, kto sa zaoberá súčasným umením)
všetky predpoklady.

T. Strauss, 1994

Der einzelne und die Menschheit unterscheiden sich voneinander, weil jeder von Natur aus einen eigenen Willen hat und weil jeder versucht, das eigene Schicksal nach eigenen Vorstellungen und Idealen zielbewußt zu lenken.
Das betrifft auch die Frage des sogenannten Exils.
Es passiert mit einem, in einem.
Das Exil ist aber auch eine Chance, die man nutzen kann.
Dazu bot Köln, vor allem das Köln Ende der 60er Jahre, alle Voraussetzungen.

Wolf Vostell hat mir damals ganz scharf gesagt: »Meinst Du es ernst mit moderner Kunst oder nicht? Wenn Du es ernst meinst, mußt Du in Köln bleiben. Anderswo darfst Du nicht hingehen.« In den 60er Jahren war es für mich kein Problem, in die deutsche Gegenwartskunst einzusteigen. Die Neoavantgarde war international. Es waren noch sehr wenige, die mit moderner Kunst überhaupt etwas anzufangen wußten, ein kleiner Kreis, auch in Deutschland. Wir waren untereinander befreundet. Aber dann, Ende 1969, bin ich in die besetzte Tschechoslowakei zurückgekehrt. Warum? Ich kann es nicht erklären. Menschen handeln eben nicht immer nur rational. Außerdem, das, was sich im Umbruch von den 60er zu den 70er Jahren abspielte, war die Flucht der Kunst in die Intimität der Gedanken. Man spricht heute von konzeptioneller Kunst. Um das nachvollziehen zu können, erschien es mir günstig, die Realität einer Kultur in Bedrängnis mitzuerleben. Geplant war, daß ich für den Kölner DuMont Verlag eine Geschichte des Konstruktivismus schreiben sollte. Aber in der Tschechoslowakei erhielt ich Berufs- und Publikationsverbot. 1980 hat mich der DuMont Verlag freigekauft. Ich weiß nicht, wieviel die für mich bezahlt haben. Ich weiß nur, daß man mich ein zweites Mal eben dafür bezahlt hat, daß ich das Buch nicht schreiben sollte. Der Konstruktivismus war inzwischen aus der Mode gekommen.

Slowake, Christ oder sogar Jude? Man wählt freiwillig, wer man ist, wie man lebt und zu wem man sich bekennt. Die eigene Identität ist nicht an den Geburtsort gebunden und kann im Laufe des Lebens wechseln. Meine Generation ist aufgewachsen mit den Idealen der Internationalität. In der Generation meiner Eltern war es üblich, in mehreren Kulturen und Sprachen beheimatet zu sein. Meine Mutter war Ungarin, der Vater Slowake. Zu Hause wurde Ungarisch gesprochen, auf der Straße Slowakisch, die Kultursprache war Deutsch, deutsch bin ich auch erzogen worden, und studiert habe ich in Prag. Da wurde natürlich Tschechisch gesprochen. Das Endergebnis: eine mitteleuropäische Melange. Sie können diese Melange auch als »die Slowakei« oder »das traditionelle Preßburg« bezeichnen.

SLOWENIEN

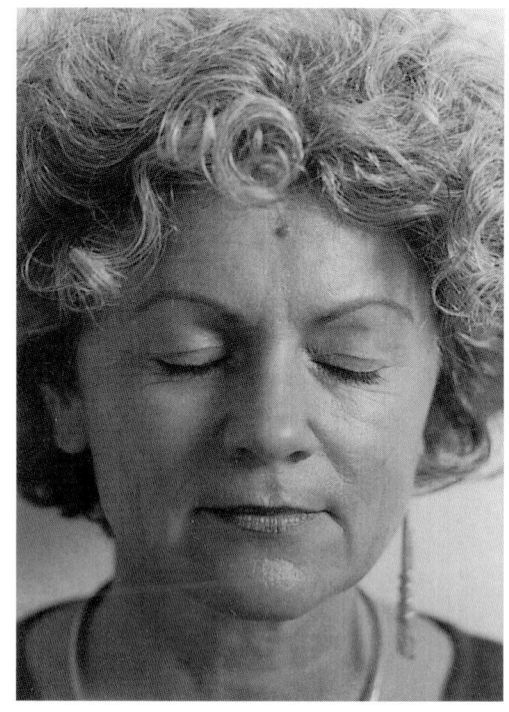

Lipa neponovod lepo cveti!

Čaj prijetno diši –
tudi TOMAJ

Oddvaritev je prišla počasi
Od cica do sica

　　　　　Vesna Anewich Gjerken

Lipa zelenela je,
tam v dišečem gaju
s cvetjem me posipala
dala sem, da sem v raju
Hmikav je pričel
brez nsapvejšnega srečila
med Ljubljano in Münchenom.

Pokorninil me je – in polomil
vse veino.

Rasti in postati –
med sovraštvom in stovnico
boleče in nepotrebno trpljenje.

Leta odtrivajo, varijo hrepenenje
Razkrivajo znoto.

*Die Linde blühte –
dort im duftenden Hain.
Überschüttete mich mit ihren Blüten,
ich glaubte im Paradies zu sein.*
      slowenisches Volkslied

*Der Hurrikan kam
ohne Vorwarnung
zwischen Ljubljana und München.*

*Entwurzelte mich
und zerbrach alles Zarte.*

*Wachsen und Werden
zwischen Haß und Grammatik –
welch mühsames, unnötiges Leiden!*

*Die Jahre verdrängen, entstellen
die Sehnsucht.
Enthüllen den Irrtum!*

Die Linde blüht überall schön!

*Der Tee schmeckt köstlich,
auch HIER.*

*Heilung kam langsam
von Herz zu Herz.*

Ich bin mit meinen Eltern und meinen Geschwister 1956 aus dem ehemaligen Jugoslawien geflohen. Meine Eltern konnten uns Kindern nicht die Wahrheit sagen. Wir wußten nicht, daß wir fliehen würden. Es war einfach so, daß man eine Reise nach Deutschland machte, in ein Land, das ich schon im Kindergartenalter durch die antikapitalistische Proganda des Tito-Regimes hassen gelernt hatte, und dann hieß es, wir bleiben jetzt hier. Ich bin mit meiner Mutter und meinem jüngsten

Bruder mit dem Zug nach München gefahren, und mein Vater ist mit meinem älteren Bruder und meiner älteren Schwester zu Fuß illegal unter ganz dramatischen Umständen über die Grenze gekommen. Ich hatte nicht einmal eine Ahnung davon, was es bedeutet, ein Flüchtling zu ein. Ich war zehn Jahre alt und habe von Politik nichts verstanden. Ich habe auch keine Notwendigkeit für diese Flucht gesehen. Es gab keinen Druck, keinen Schmerz, keinen Krieg, kein Elend und keine Not. In Slowenien waren wir eine wohlhabende Familie. Nach Deutschland kamen wir in die tiefste Armut, einfach so, aus heiterem Himmel. In Deutschland wurde unsere Familie getrennt. Wir Kinder wurden von der Caritas in der Schweiz bei verschiedenen Schweizer Familien untergebracht. Wir sollten so schnell wie möglich Deutsch lernen. Deshalb durften wir uns untereinander nicht sehen. Wir haben uns aber heimlich getroffen und unsere zweite Flucht zurück zu unseren Eltern nach Deutschland vorbereitet. Diese Flucht ist mißglückt.

Ein Jahr später kamen wir nach Köln. Endlich war unsere Familie wieder zusammen. Aber die erste Zeit in Köln habe ich als eine ganz bittere Zeit erlebt. Ich wurde von einer Mitschülerin, von einem Kind aus der Nachbarschaft, als »dreckige jugoslawische Sau« beschimpft. Das hat Spuren hinterlassen, wie ein Stein Ringe, wenn man ihn ins Wasser wirft. Ich war elf Jahre alt und habe angefangen, mich für etwas zu schämen, was ich überhaupt nicht verstanden habe. Ich weiß noch, daß ich danach immer mit gesenktem Kopf herumgelaufen bin. Sicherlich habe ich meinen Kopf sehr lange unten behalten. Aber dann kam die Zeit, in der ich innerlich aufbegehrt und mich zur Wehr gesetzt habe. Wenn mich damals jemand auch nur falsch angeguckt hätte, hätte ich ihm am liebsten eine runtergehauen. Aber ich habe mich nicht rumgeschlagen, ich habe mich mit Worten gewehrt. In der Schule bin ich Klassensprecherin geworden. Große, tolle Leistungen habe ich in der Schule aber nie gebracht. Vielleicht, weil ich Pech hatte. Ich hatte eine Deutschlehrerin, deren Sprache nur aus Grammatik bestand. Ich haßte Grammatik. Grammatik habe ich nie kapiert. Ich hielt Grammatik für überflüssig. Ich fand es viel schöner, Aufsätze zu schreiben und Geschichten zu erzählen. Aber in Deutsch hatte ich immer eine »Fünf«, und diese »Fünf« bestand nur aus Grammatik. Das hat Auswirkungen bis zum heutigen Tag. Ich habe keine Hemmungen zu sprechen, ich habe keine Angst, mich nicht richtig ausdrücken zu können, aber ich würde ungern einen Brief schreiben, ohne meinen Mann zu bitten, nachzusehen, ob ich vielleicht Fehler gemacht habe. Dabei mache ich kaum welche. Ich schreibe gern, aber ich schreibe ganz wenig aus Angst vor der Rechtschreibung.

SOMALIA

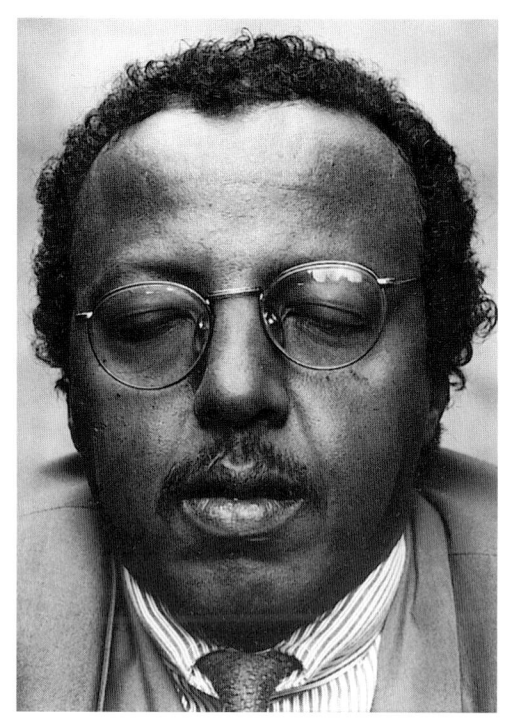

Ma jirto cid Waddankeeda, Ciddeeda, qaranbadeeda iyo Asxaableeda
ka tageyda.
Haddaan la khasbin.
Dadka lagu magacaabay qaxooti dhaqanleed, dqaqooleed iyo mid siyaasadeedka
Waa dad lagu khasbay ama lagu kallifay in ay Waddaankooda ka soo qaxaan
Taana waxaa u sabab ah Waddamada Warshada leh ee horay u maray

*Niemand verläßt seine Heimat, seine Familie, Verwandten und
Freunde aus freiem Willen.
Die sogenannten Wirtschafts- und Kriegsflüchtlinge
sind gezwungen, ihr Heimatland zu verlassen.
Die Verantwortung tragen die westlichen Industrienationen.*

Wenn man mir die Möglichkeit gegeben hätte, hätte ich in meinem Leben mehr erreichen können als jeder andere. Ich habe in Somalia studiert, Mathematik und Physik, und ich war aktives Mitglied der Oppositionsbewegung gegen den damaligen Präsidenten Siyaad Barre. Ich stand kurz vor meinem Staatsexamen, als ich von einem Freund erfahren habe, daß ich vom Verfassungsschutz gesucht wurde. Ich hatte nur die eine Möglichkeit – ich mußte Somalia auf der Stelle verlassen. Ein Jahr war ich in Saudi-Arabien. Aber ich wollte nach Europa gehen, in ein Land, in dem ich in Sicherheit leben konnte. Über die Türkei, Bulgarien, Jugoslawien, Italien und die Schweiz bin ich 1979 nach Deutschland gekommen. Überall, wo ich war, habe ich mich sehr fremd gefühlt. Ich war nirgendwo willkommen. Überall gab es Probleme. In Deutschland habe ich politisches Asyl beantragt. Es dauerte fünf Jahre, bis mein Asylantrag anerkannt wurde, fünf Jahre, in denen ich weder studieren noch arbeiten durfte. Nach dieser Erfahrung wollte ich meinen Landsleuten, die als Flüchtlinge nach Deutschland kommen, helfen. Ich habe eine Selbsthilfegruppe für somalische Flüchtlinge mitbegründet, die bis heute existiert. Anderen Flüchtlingen zu helfen war sehr schwierig. Sie stießen immer wieder auf die gleichen Probleme, mal wegen ihrer Hautfarbe, mal wegen ihrer Religion. Viele konnten das nicht ertragen. Sie haben Deutschland wieder verlassen oder sind psychisch krank oder Alkoholiker geworden. Nur wenigen ist es gelungen, sich durchzusetzen, einen Beruf zu erlernen, eine feste Arbeitsstelle und Boden unter den Füßen zu finden. In diesem Zusammenhang fällt mir ein somalisches Sprichwort ein, das sinngemäß übersetzt bedeutet: »Einem erwachsenen Mann sagt man nicht, daß er fortgehen soll. Man läßt ihn spüren, daß er unerwünscht ist. Dann geht er von alleine.«

Ich selber habe in Köln nie schlechte Erfahrungen gemacht. Ich fühle mich in Köln zu Hause. Nicht so zu Hause wie bei mir in Somalia, aber immerhin doch halb zu Hause. Ich würde gerne nach Somalia zurückkehren. Sobald sich die politische Lage geändert und stabilisiert hat und es eine demokratische Regierung gibt, möchte ich zurückgehen. Ich möchte etwas tun für mein Volk.

SPANIEN

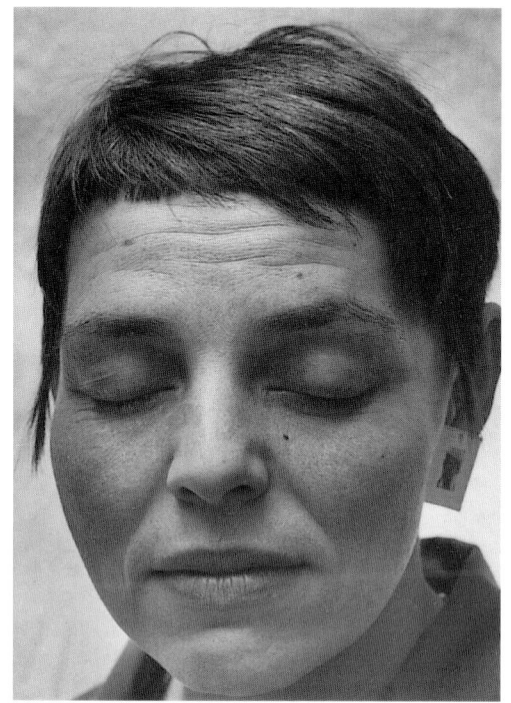

En este mundo estamos
solo de visita por eso es
importante de respetar y querer
a todo lo que vive en ella

María Molfer Milanés

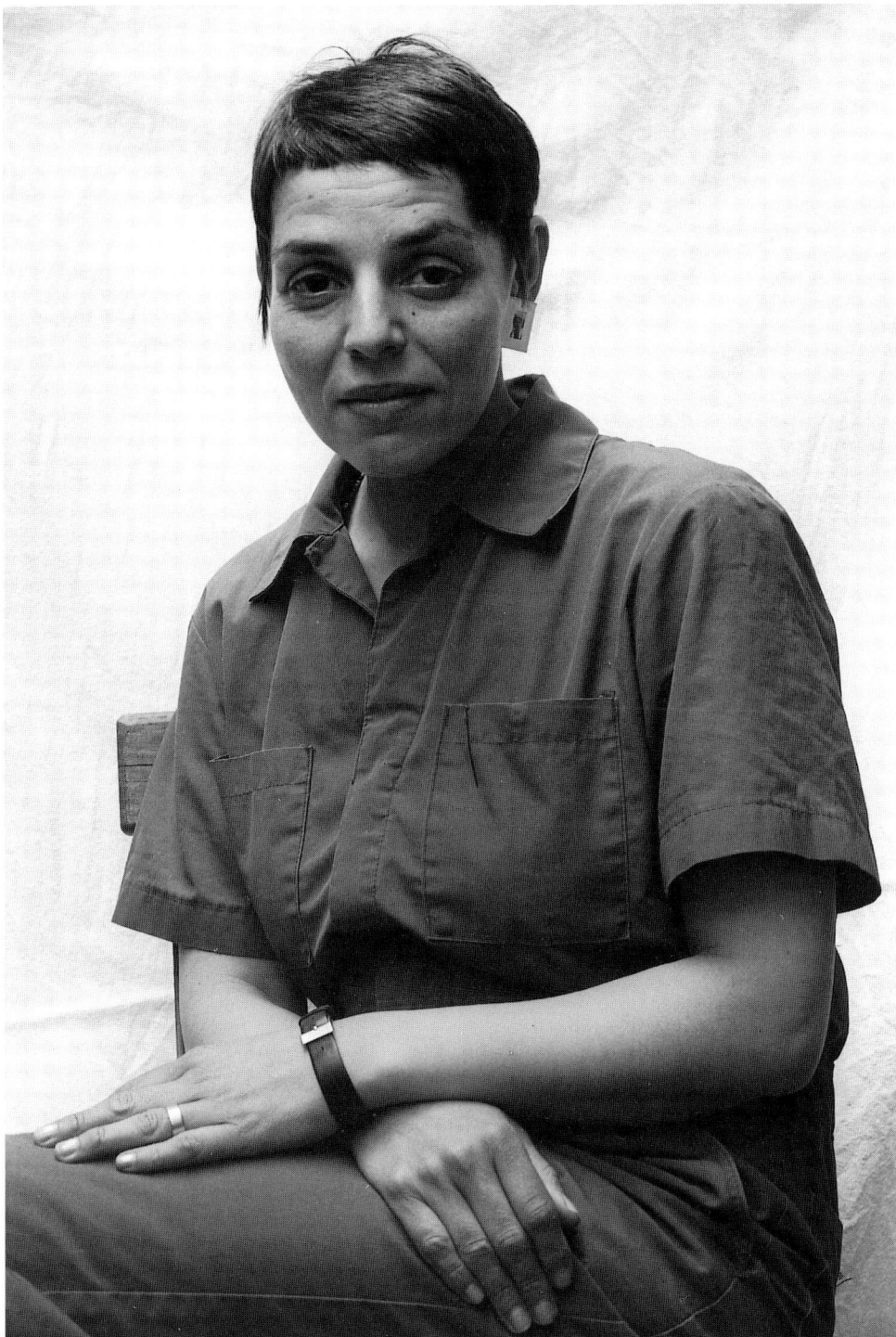

*Wir sind nur Gäste auf dieser Welt.
Deshalb ist es wichtig, daß wir die Welt und all ihre Lebewesen
lieben und respektieren.*

Ich bin spanische Staatsbürgerin, in Belgien geboren und in Köln aufgewachsen. Mein Vater hat in der Chemischen Fabrik in Köln-Kalk gearbeitet, und wir haben in Köln-Vingst, in den Arbeiterwohnungen der Chemischen Fabrik, gewohnt. Für mich ist Köln meine Heimat. Aber ich fühle mich nicht als Deutsche. Ich habe die deutsche Staatsbürgerschaft nicht angenommen, weil ich bis heute viel zu viele Probleme mit den deutschen Behörden habe. Angefangen hat alles damit, daß ich eine Lehre als Apothekenhelferin gemacht habe.

Zu Beginn meiner Lehrzeit erhielt ich eine Arbeitserlaubnis, die ein Jahr gültig war. Als das erste Lehrjahr zu Ende war, habe ich vergessen, meine Arbeitserlaubnis verlängern zu lassen. Ich war 16 Jahre alt und mir der Notwendigkeit eines solchen Schrittes auch gar nicht richtig bewußt. Meine Arbeitsunterlagen befanden sich in den Händen meines Chefs. Ich habe einfach keinen Gedanken mehr daran verschwendet und deshalb völlig unabsichtlich als Auszubildende eine Woche ohne Arbeitserlaubnis gearbeitet. Zur Strafe mußte ich von meinem 16. bis zu meinem 25. Lebensjahr alle drei Monate zur Ausländerbehörde und meine Aufenthaltsgenehmigung verlängern lassen. Außerdem wurde meinem Bruder mit der Begründung »Es tut uns leid. In Ihrer Familie gibt es ein schwarzes Schaf« eine unbefristete Aufenthaltserlaubnis für Deutschland verweigert. Als mein Sohn in die Lehre kam, fingen die Probleme mit den deutschen Behörden von vorne an. Deshalb steht die Entscheidung meines Sohnes ebenso fest wie meine. Auch er will kein deutscher Staatsbürger werden, obwohl er sich in Köln genauso zu Hause fühlt wie ich.

Wir fühlen uns zu Deutschland einfach nicht dazugehörig. Unsere Wurzeln sind anderswo.

SRI LANKA

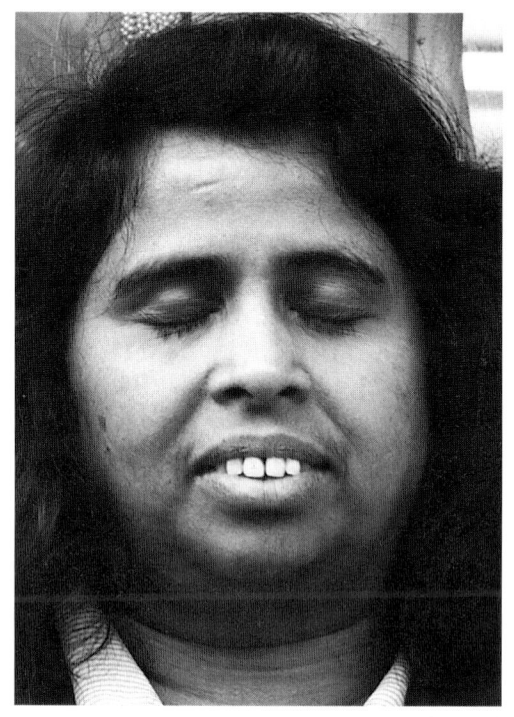

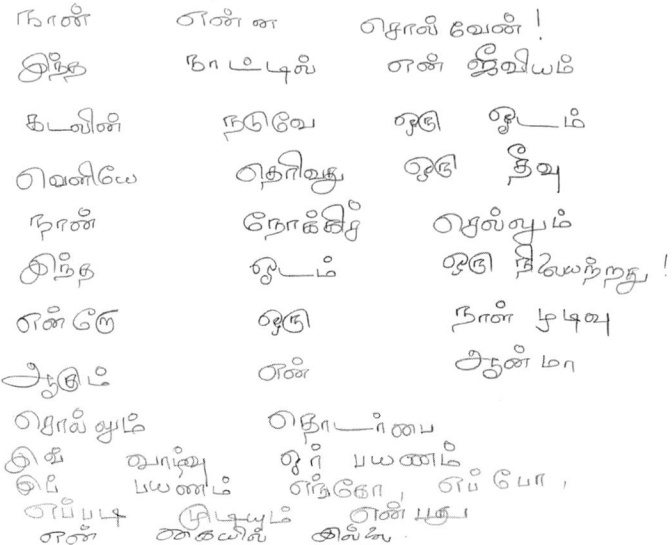

*Was ich sagen möchte,
ist, daß ich schon lange Zeit in Deutschland lebe.
Ich fühle mich wie auf einem Schiff,
das irgendwo auf dem Meer treibt.
Wenn ich auf das Meer hinausblicke,
sehe ich, weit entfernt, Inseln.
Wenn das Schiff weiterfährt,
weiß ich, daß meine Reise bald zu Ende geht,
ich aber weiter leben werde.
Ich weiß, daß ich nicht ewig leben werde.
Mein Leben ist wie eine Reise. Ich weiß nicht, wann diese Reise zu Ende gehen wird. Ich kann den Zeitpunkt meines Todes nicht selbst bestimmen.*

Ich war 1970 die erste tamilische Krankenschwester, die aus Sri Lanka nach Köln gekommen ist. Die erste Woche war schlimm. Ich habe eine Frau gesehen, die hatte ein Kind, das lag im Kinderwagen. Und auf dem Arm hatte sie einen Hund, der war angezogen. Ich habe Angst bekommen, daß in Deutschland irgend etwas nicht stimmt. Für mich gehörte das Kind und nicht der Hund auf den Arm der Frau. Heute weiß ich, daß die Deutschen ein Herz für Tiere, aber ihre Kinder trotzdem lieb haben. Ich habe einen deutschen Mann geheiratet. Wir haben zwei Kinder, und ich lebe in einer total deutschen Umgebung. Mein Mann und meine Schwiegereltern haben mir aber immer das Gefühl gegeben, daß ich stolz darauf sein kann, Asiatin zu sein. Dafür bin ich dankbar.

Zu Hause waren wir eine große Familie. Meine Mutter war Lehrerin. Wir waren zwölf Kinder, und meine Mutter hat noch vier Kinder adoptiert. Ich bin als siebtes Kind zur Welt gekommen. Ich war ein Wunschkind. Meine Geschwister und ich leben heute in der Welt verstreut. Drei Schwestern und ein Bruder sind in Sri Lanka geblieben, drei Schwestern und ein Bruder leben in Australien, und zwei Brüder hier in Deutschland. Seit der Unabhängigkeit Sri Lankas, 1948, gibt es Unruhen im Land. Die letzten 15 Jahre waren besonders schlimm. Meine Mutter ist gestorben, weil es wegen der Ausgangssperre kein Insulin gab. Das war schrecklich. Wir sind doch so viele Ärzte und Krankenschwestern in der Familie, und wir haben nicht helfen können.

SÜDAFRIKA

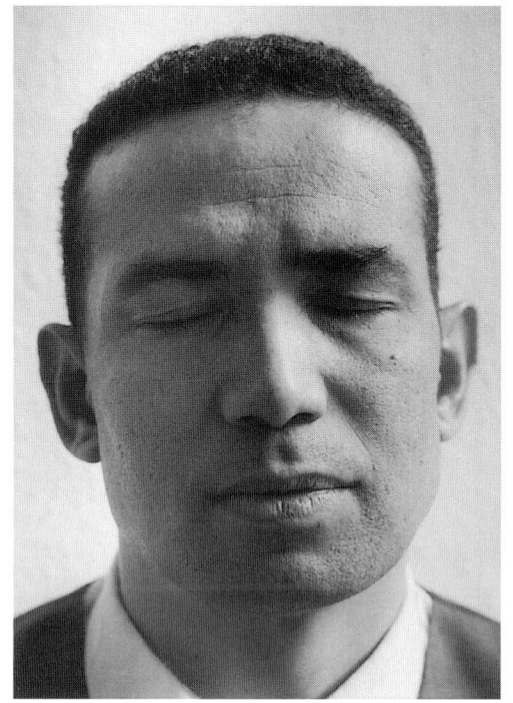

You are your own fate
your own circumstances

Dein Schicksal und die Bedingungen, unter denen Du lebst, bestimmst Du selber.

Ich habe in Südafrika deutsche Geschichte studiert. 1975 bin ich nach Deutschland gekommen, um mehr darüber zu erfahren, wie Geschichte in Deutschland gemacht worden ist. Die damaligen weißen Machthaber in Südafrika, die Buren, versuchten, die deutsche Geschichte nachzuahmen mit einem totalitären Staatssystem, das sich auf Zucht und Ordnung berief und die Herrschaft der Weißen legitimierte. Die Buren fühlten sich mit den Deutschen eng verbunden. Sie sympathisierten mit Hitlers Rassenideologie. In Südafrika wurde die deutsche Geschichte als eine Erfolgsgeschichte dargestellt, die 1848 mit der deutschen Revolution begonnen hatte und in die zwölfjährige Herrschaft des Dritten Reiches mündete. Wir erhielten nur bruchstückhafte Informationen, über das tatsächliche Ausmaß der deutschen NS-Vergangenheit erfuhren wir nichts. In Deutschland sah ich mich bei meinen Nachforschungen in deutschen Archiven mit der Unmenschlichkeit des Naziregimes in unvorstellbaren Dimensionen konfrontiert. Die Wahrheit, die sich mir offenbarte, überstieg mein Fassungsvermögen. Ich hatte das Gefühl, ein Mehr an Wissen nicht ertragen zu können. Ich habe mein Studium beendet. Aber ich habe in Deutschland gelernt, eigenständig zu denken und nicht länger die Gedanken der anderen zu übernehmen. Ich habe gelernt, ganz einfach ich selber zu sein. Als ich nach Deutschland kam, habe ich festgestellt, daß ich in Deutschland frei sein kann, daß ich mich frei bewegen, frei denken und frei äußern kann. Das gefiel mir. Deshalb bin ich geblieben. In Südafrika kannten wir nichts anderes als die Rassentrennung und die Herrschaft der Weißen. Weiße, Schwarze und Coloureds lebten voneinander getrennt in verschiedenen Welten. In den Townships beschränkten sich Kontakte mit den Weißen auf Berührungen mit der weißen Polizei, die für ihre Brutalität berühmt war.

Ich bin mit Rassismus aufgewachsen. Ich habe in Südafrika nichts anderes kennengelernt. Seit ich nach Deutschland gekommen bin, habe ich einen ausgesprochen menschenfeindlichen, lebensbedrohlichen Rassismus nicht mehr erlebt. Am Anfang habe ich mich an Vorurteilen und Klischees gestört, aus denen für mich Rassismus unterschwellig spricht. Aber jetzt stehe ich über diesen Dingen. Ich habe die Erfahrung gemacht, daß man als Fremder nirgendwo auf der Welt mit offenen Armen empfangen wird. Ich habe keinen Grund, mich zu beklagen.

SÜDKOREA

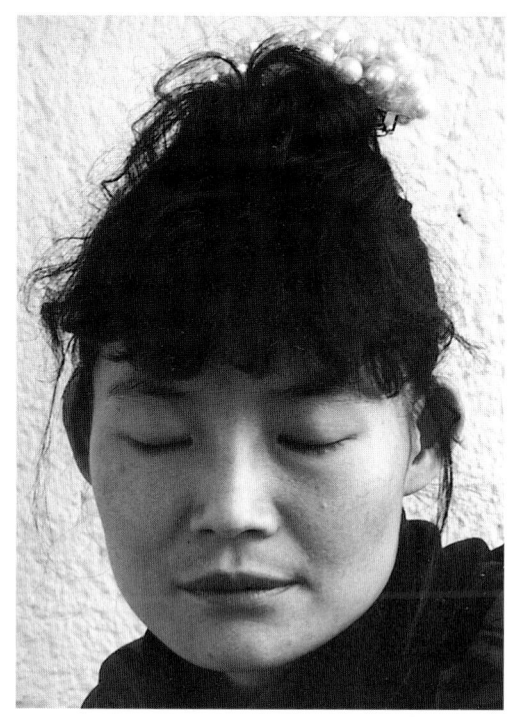

중용을 지키며 살자.
95' 최은정

Kompromisse lehne ich prinzipiell ab.
Aber ich möchte das Gleichgewicht behalten.

Deutsche möchte ich nie werden, aber Kölnerin. In Köln habe ich mich verliebt!

Zufall war es nicht, daß ich hier gelandet bin. Ich habe in Korea erst einmal Germanistik studiert. Damals war ich eine brave Tochter. Meine Mutter wollte, daß ich Juristin werde. Korea war 36 Jahre unter japanischer Besatzung. Deshalb haben wir die japanische Verfassung übernommen, und die japanische Verfassung kommt aus dem Deutschland der Bismarck-Zeit. Wenn man in Korea Juristin werden will, sollte man deutsche Sprachkenntnisse haben. In Korea habe ich immer schon gemalt und bin in private Ateliers gegangen. Meine Familie hat aber nicht akzeptiert, daß ich mich mit Kunst beschäftige. Kunst war früher bei uns perfektes Handwerk, nicht mehr, und gesellschaftlich nicht besonders angesehen. Das ändert sich erst allmählich.

Korea ist ein Übergangsland. Der Zwiespalt zwischen der westlichen Kultur und den alten Traditionen des Konfuzianismus spielt in meinem Leben eine sehr große Rolle. Ich will das immer irgendwie überwinden, aber es gelingt mir nicht richtig. Ich will auch kein provokanter Mensch sein. Aber im richtigen Moment kann ich rebellisch werden. In Köln kenne ich sowieso nur Künstler, und die sind anders, viel aufgeschlossener. Deshalb habe ich in Deutschland nie schlechte Erfahrungen gemacht. Nur in der letzten Zeit habe ich ein bißchen Schiß, wenn ich arbeite, irgendwo nebenbei jobben gehe. Ich glaube, alle Ausländer haben das. Ich beschäftige mich jetzt mit dem Thema Faschismus und mit der Tendenz, daß sich Gesellschaften weltweit in diese Richtung verändern.

TANSANIA

"Milima kwa milima haikutani binadamu wanakutane"

*Berge bewegen sich nicht,
aber Menschen können aufeinander zugehen.*

1967 bin ich 24 Stunden vor meinem geplanten Rückflug nach Sansibar von Ostberlin über Dresden nach Prag gefahren. Radio Prag gab mir als Journalist eine Chance. Das war während des Prager Frühlings, als die tschechische Regierung unter Dubček eine Liberalisierung versuchte, die mit der blutigen Niederschlagung durch die Sowjetunion endete. Radio Prag war besetzt. Ich wollte nicht länger bleiben. Ich wollte weg. Ich hatte Angst, die neuen Machthaber würden mich zurück nach Sansibar schicken, weil ich ohne Zustimmung der Regierung Tansanias nach Prag gekommen war. Ich habe mich bei der Deutschen Welle beworben und bei der BBC in London. Die Deutsche Welle hat mich aus Prag rekrutiert. Ich habe in Köln als freier Mitarbeiter angefangen. Daraus ist eine Festanstellung geworden.

Heute fühle ich mich, als säße ich zwischen zwei Stühlen. Ich lebe länger in Köln als auf Sansibar, wo ich eigentlich zu Hause bin. Ich fühle mich Afrika nicht mehr zugehörig, aber ich fühle mich auch nicht als Deutscher.

Wenn meine Kinder hören: »Ausländer raus!«, dann fragen sie mich: »Sind wir auch Ausländer?« Dann muß ich ja sagen. Das ist für die Kinder schwer zu verstehen.

THAILAND

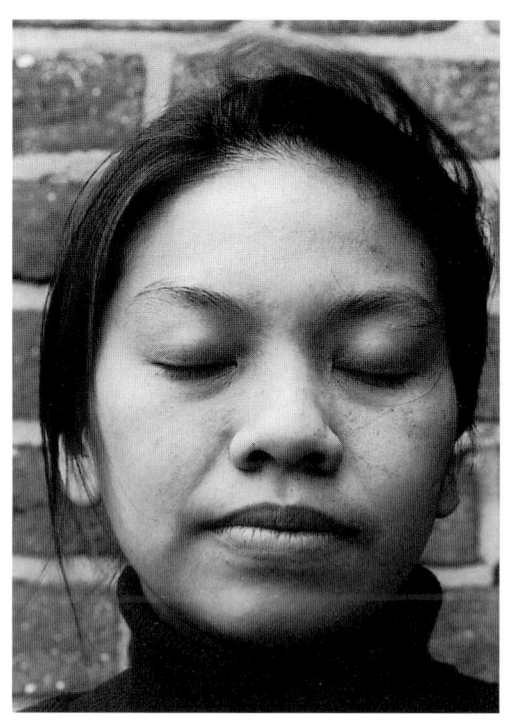

ชลิธา แพทย์กิจ

เกิดที่กรุงเทพฯ   วันที่ 12 เมษายน 2515

ช่างบังเอิญเสียจัง ที่วันนี้เป็นวันเกิดของฉันพอดี และทุกๆ ปีก็ขออะไรให้ตัวเองมาเยอะแล้ว ปีนี้จึงอยากจะขอให้พวกคุณบ้าง ฉันอยากจะขอ..... ให้เพื่อนๆ (ร่วมโลก) ของฉันทุกคน มีความสุข และสมหวัง ตามที่ปรารถนา กันทุก คน.

Welch ein Zufall, daß ich heute Geburtstag habe!
Wie jedes Jahr habe ich auch dieses Mal gute Vorsätze und
Wünsche.
Zu diesem Geburtstag wünsche ich allen Zeitgenossen Glück,
Gesundheit und
daß sich unsere Hoffnung auf Frieden erfüllt.

Wenn ich in Köln mit der Straßenbahn fahre, sehe ich kein Lächeln um mich herum und keine Freundlichkeit. In einem solchen Moment vermisse ich die asiatische Mentalität: das Zusammengehörigkeitsgefühl innerhalb der Gesellschaft, das einfach da ist, auch wenn man sich untereinander nicht kennt. In Thailand nennt man einander »Bruder« oder »Schwester« und redet sich mit dem Vornamen an. Diese Form der Anrede schafft Verbindlichkeiten zwischen den Menschen, Wärme und Herzlichkeit. In Deutschland begegnen sich Menschen viel distanzierter: Man sagt »Sie« zueinander und spricht den anderen mit seinem Nachnamen an. Anfangs habe ich immer ganz genau beobachtet, wie die Deutschen leben, wie sie miteinander und wie sie mit Fremden umgehen. Ich habe festgestellt, daß die Deutschen sehr ichbezogen sind und einen betont individualistischen Lebensstil führen. So entsteht auch viel Einsamkeit unter den Menschen. Heute fühle ich mich weniger fremd hier. Ich habe einige sehr nette Deutsche kennengelernt. Menschen, die mich nicht kennen, sehen mich manchmal komisch oder neugierig an. Dann spüre ich, daß ich eine Fremde bin. Eigentlich habe ich aber in Köln als Ausländerin noch keine wirklich schlechten Erfahrungen gemacht. Nur fallen mir manchmal Kleinigkeiten auf, Dinge, an denen ich mich störe, so daß ich mich verletzt oder beleidigt fühle, ohne genau zu wissen, ob sie auch wirklich so negativ gemeint waren, wie ich sie verstanden habe. Vielleicht ist es mein Fehler, daß ich dann nicht sofort auf Menschen zugehe und frage, warum sie dies getan oder das geäußert haben, um Mißverständnisse zu klären. Dann müßte ich über Erlebnisse, die mir unangenehm sind, nicht immer so lange nachdenken.

TSCHAD

les expériences que j'ai
vécu à Wuppertal m'ont aidé
à mieux connaître et accepter
la mentalité allemande, mais
que reste-t-il de moi à présent ?....

*Die Erfahrungen, die ich in Wuppertal gemacht habe, haben mir geholfen, Deutschland und die Deutschen besser zu verstehen und zu akzeptieren.
Aber was ist dabei in meinem Inneren geschehen?*

Ich weiß nicht, welcher Nationalität ich mich zugehörig fühle. Als Dolmetscherin muß ich auch Schauspielerin sein. Ich muß mich so intensiv wie möglich in andere Sprachen und Kulturen hineinversetzen. Deshalb identifiziere ich mich in Deutschland mit der Rolle einer Deutschen, in Frankreich bin ich Französin und in England Engländerin. Deutsch ist für mich eine psychologische Sprache. Man versucht immer, alles ganz genau zu erklären, und bemüht sich sehr gewissenhaft, für das, was man sagen will, richtige, zutreffende Worte zu finden. Wenn ich Deutsch spreche, bin ich konzentriert und ernsthaft bei der Sache.

Die deutsche Sprache habe ich gemocht, seit ich 15 Jahre alt war. Ich wollte unbedingt in Deutschland studieren. Anfangs habe ich in Wuppertal gelebt. Vielleicht liegt es an der Stadt, daß die Leute in Wuppertal Ausländern gegenüber mißtrauisch und sehr verschlossen sind. Wie sie mich auf der Straße angesehen haben! Ich war etwas Exotisches. Ich konnte nicht nach draußen gehen, ohne aufzufallen. Ich habe mich nicht mehr getraut, in kurzen, leichten Sommerkleidern vor die Tür zu gehen. Es gibt eine bestimmte Art, fremde Menschen anzusehen. Es gibt Neugier, die positiv ist, es gibt auch Angst vor Fremden, die ich verstehen kann, und es gibt dieses »Nein, die wollen wir nicht bei uns haben,« und das ist unangenehm. Im Supermarkt, beim Einkaufen, haben die Leute ihre Handtaschen vor mir in Sicherheit gebracht. Ich habe Sprüche gehört wie: »Unter Hitler wäre so eine wie die nicht hierhingekommen,« oder sie haben mir Namen wie »die Verbrannte« gegeben. Einen ganzen Monat lang habe ich mich in meiner Wohnung eingesperrt. Ich wollte nicht mehr auf die Straße gehen. Ich habe immer nur gedacht: »Warum ist das so? Was habe ich bloß gemacht?«

Wenn ich in Wuppertal geblieben wäre, wäre der Rassismus, den ich in dieser Stadt erlebt habe, an meiner Haut hängengeblieben. Aber jetzt lebe ich in Köln. Köln ist anders. Köln ist bunter. In Köln fühle ich mich wohl. In Köln gibt es viele Ausländer, viel Kultur, viele Schwule. Die Rheinländer sind lockerer. In Köln habe ich noch nie eine schlechte Erfahrung gemacht.

TSCHECHISCHE REPUBLIK

Když mi na začátku roku v Praze ukradli všechny dokumenty, prožil jsem t.zv. „emigrantský sen" live: Deset dní jsem musil čekat, než obdržím nový (švédský) pas a do něj povolení k vjezdu zpátky do Německa. Při té příležitosti jsem si uvědomil, že 1, do Prahy (a do Čech) se nemohu vrátit 2, že Německo - konkrétně Kolín n/Rýnem v sobě koncentrují některé jistoty, které potřebuji k životu - tedy je mi něčím, co mohu - snad - nazvat domovem.

Tonda Málek

*Nachdem mir im Frühling – ich glaube, es war 1993 – in Prag
meine Brieftasche mit all meinen Papieren geklaut worden war,
habe ich zum erstenmal den sogenannten Emigrantenalptraum
live erlebt:
Ich war gezwungen, zehn Tage lang zu warten, bis ich vom deutschen Konsulat aufgrund meines in Prag ausgestellten provisorischen schwedischen Passes (ich bin schwedischer Staatsbürger)
eine Bestätigung meiner Aufenthaltsberechtigung in Deutschland
erhielt, die mir die Rückreise in die Bundesrepublik Deutschland
erlaubte.
Während dieser Zeit ist mir klar geworden:
1. daß ich auf keinen Fall wieder endgültig in die Tschechische
Republik zurückkehren und nur zeitweise dort leben will und
2. daß mir die Bundesrepublik Deutschland, konkret Köln, Sicherheiten bietet, die ich in der Tschechischen Republik niemals mehr
finden werde, die ich aber zum Leben brauche.
Köln ist für mich zu etwas geworden,
das ich – vorsichtig – »Zuhause« nennen möchte.*

Ausländer zu sein ist ein Problem, für einen selber, wenn man Ausländer ist, und für die Gesellschaft, in der man als Fremder lebt. Das kann man nur richtig verstehen, wenn man als Ausländer in einem fremden Land lebt.

Für mich war das eine absurde Erfahrung, die mir die Augen geöffnet hat. In Prag, während meiner Studentenzeit, habe ich in einem Studentenheim gewohnt, und da lebten auch viele Bulgaren. Ich war mit einem bulgarischen Musiker befreundet, Angelo Michailow, der war in der Tschechoslowakei damals schon ziemlich berühmt. Er war am Theater, trat im Fernsehen auf und wurde im Radio gespielt. Wenn ich mit ihm durch Prag ging, haben sich die Leute auf der Straße umgedreht. Ich war stolz, von dem Gefühl, bekannt und berühmt zu sein, etwas abzubekommen. Erst als ich 1968 nach Schweden emigriert bin, habe ich entdeckt, daß der Angelo irgendwie für mich doch nur »der Bulgare« war. In Prag hätte ich nie von mir geglaubt, daß ich so fühlen könnte. Hätte der Angelo oder jemand anderer mir damals so etwas vorgeworfen, wäre ich gekränkt und sauer gewesen. Ich hätte das damals nie akzeptieren können. Und dann komme ich nach Schweden und bin in derselben Situation wie der Angelo in Prag. Und da plötzlich ging es mir durch den Kopf: »Jetzt bist du der Angelo Michailow, und der andere, der Schwede, das ist der Antonín Malek.« Und da wurde mir mit einemmal klar, was ich vorher nicht gewußt habe und gar nicht wissen konnte: daß ich den Angelo in Prag eben doch nur mit einer gewissen Skepsis gesehen und irgendwie, ohne das genauer erklären zu können, nicht auf der gleichen Ebene mit mir gesehen habe.

Seit dieser Erfahrung habe ich Verständnis dafür, wenn ich in Schweden, Deutschland oder anderswo im Ausland für Menschen und Freunde vielleicht nur »der Tscheche« bin.

TÜRKEI

Benim ismim Mehmet Şahin
1960. Askerlik yaptığım yerde düşündüm
ve terhis oldum ve Askerlik yaptığım şehir
doğuda Erzincandı çok güzel bir şehirdi
Askerde Casuş üniformamvardı Askerlik mesleğini
Sevdim ve terhis oldum ama ay Erzincon şeker fabrikasında çalıştım
ve 1963- 9-4- de Almanyaya geldim ve bir piyid 33 sene Ford'a çalıştım
Çalışmayı çok sevedim ve 1996- 31-12- Renteye ayrıldım
Herzaman Almanyayı ikinci Memleketim olarak biliyorum
doğum tarihim = 5-4-1940

Mein Name ist Mehmet Sahin. 1960 kam ich zum Militärdienst in die Ost-Türkei. Drei Jahre später war ich damit fertig und habe überlegt, daß ich in der Ost-Türkei bleiben könnte. Beim Militär war ich Unteroffizier und mit dem Leben in der Ost-Türkei sehr zufrieden. Dort gab es viele Zuckerfabriken, wo ich Arbeit finden konnte. Ich konnte sechs Monate im Jahr arbeiten und die restlichen sechs Monate zu Hause, bei der Familie, sein. Am 9. 4. 1963 kam ich nach Deutschland. 33 Jahre habe ich bei Ford gearbeitet. Ich war zufrieden. Mein Arbeitsplatz war sehr gut. Am 31. 12. 1996 bin ich in Rente gegangen. Ich bin zufrieden in Deutschland. Deutschland ist mein zweites Heimatland.

Ich bin überzeugter Sozialdemokrat, ein richtiger Atatürk-Anhänger. Ich war 27 Jahre lang Vertrauensmann bei Ford. Ich habe allen Kollegen geholfen: Deutschen, Griechen, Türken, Italienern, Polen. Mein Chef war Tschechoslowake, ein anderer Vorgesetzter Rumäne. Ich bin aus der Türkei direkt zu Ford nach Köln gekommen. Als wir mit dem Zug in München ankamen, hat man uns Kaffee serviert. Dann wurden wir in Gruppen aufgeteilt, die zum Arbeiten auf Baustellen oder in Fabriken gebracht wurden. Ich kam nach Köln-Weidenpesch zu Ford. Sechs Jahre habe ich in Deutschland alleine gelebt. Dann ist meine Frau mit den Kindern nach Deutschland gekommen. Die eine Hälfte meiner Familie lebt in Deutschland, die andere Hälfte in der Türkei. In meinem Dorf sind alle alten Leute gestorben. Da kenne ich keinen mehr. Als ich nach Deutschland ging, hat mich mein Bruder gefragt: »Hast Du keine Angst?« Ich habe gesagt: »Angst, warum? Menschen sind Menschen, überall auf der Welt.« So steht es auch im Koran: Mensch ist Mensch. Man muß den Islam nur richtig verstehen. Im modernen Islam denkt man vorwärts, nicht rückwärts wie in der Steinzeit. Moderne Menschen tragen moderne Kleider. Ein altes Kleid hat nur ein Denkmal an, und einem Denkmal kann man keine Fragen stellen.

TÜRKEI/KURDISTAN

Em duxwazin Li Turkiye wekî insanan bijîn.

M Aslan

Wir Kurden wollen in der Türkei wie Menschen leben.

Nach Deutschland bin ich gekommen, um zu studieren. Mal habe ich gearbeitet, mal studiert. Früher konnte man überall arbeiten. Wenn man zwei oder drei Tage gearbeitet hatte, konnte man davon zehn Tage leben. Im ersten Jahr wollte ich am liebsten gleich wieder nach Hause zurück. Einmal war ich fünf Jahre lang nicht zu Hause, weil ich kein Geld hatte. Heute sagen meine Eltern zu mir, ich soll auf gar keinen Fall in die Türkei zurückkommen. Jeder aus meiner Familie will viel lieber nach Deutschland. Das Leben in Deutschland ist besser als in der Türkei, auch heute noch. Die Lebensunterhaltungskosten sind in der Türkei hoch, und es gibt überhaupt keine soziale Absicherung, auch keine Krankenversicherung. Ein Arbeiter verdient bei uns am Tag ungefähr 7,50 DM. Soviel kosten gerade mal eineinhalb Kilo Fleisch.

Ich bin Kurde und meine Frau ist auch Kurdin. Unsere Söhne heißen Bahran, das bedeutet »Regen«, und Euphrat. Euphrat, weil die Kurden ursprünglich aus Mesopotamien kommen, das zwischen den Flüssen Euphrat und Tigris liegt. Wir Kurden sind ein großes Volk. Kurden gibt es in der Türkei, in Syrien, im Iran und im Irak. Wir haben ein Recht auf Selbstbestimmung. Die Türken sagen immer, die Kurden seien dumme Bauern, und machen ständig Witze über uns. In der letzten Zeit wird der Haß der Kurden auf die Türken immer schlimmer. Aber hier in Köln habe ich meine besten Freunde unter den Türken. Natürlich nur, solange sie sich nicht einmischen, wenn ich meine Meinung sage. Politisch habe ich nie Schwierigkeiten gehabt. Vielleicht, weil ich vorsichtig bin. Unser Problem ist auch nicht das türkische Volk, sondern die türkische Regierung. Wenn Türken und Kurden in der Türkei zusammenleben sollen, dann nur gleichberechtigt. Die Kurden müssen in der türkischen Verfassung auch existieren.

UGANDA

Atannayitajita yatenda nnyina okufumba!

*Wer noch nicht viel verreist ist,
denkt, seine Mutter kocht am besten.*

Vor 25 Jahren war meine erste Praktikumstelle in Detmold. Bei der Versicherungsgesellschaft, bei der ich gearbeitet habe, gab es zwei Arten von Deutschen: einmal solche, die freundlich waren, die mir geholfen und mir alles gezeigt haben, und andere, die sich zurückhielten, vielleicht, weil sie Angst vor Fremden hatten oder unsicher waren. Aber unter denen, die freundlich waren, gab es einige, die gedacht haben, sie müßten mir alles besonders gründlich erklären – auch die einfachsten Dinge. Das kam mir manchmal komisch vor. Ich habe es aber nicht als negativ empfunden, daß mir jemand zu helfen versuchte und sich dabei über das übliche Maß hinaus bemühte. Das hing mit diesem Denken zusammen: »Der Mann kommt schließlich aus dem Busch. Das kann der doch überhaupt nicht wissen.« Ich habe nie versucht, diese Leute abzublocken. Ich habe sie immer ausreden lassen, und je nachdem, wie die Unterhaltung weiterlief, habe ich sie aufgeklärt oder in ihrem Glauben belassen. Einigen Leuten habe ich erklärt: »Ja, doch, das kennen wir, so etwas gibt es bei uns in Uganda auch.« Oder: »Aber ja, wir haben in Uganda auch Autos.« Verletzt gefühlt habe ich mich in solchen Situationen nie.

Im Grunde genommen meine ich, daß es ein Fehler ist, sich zu schnell verletzt zu fühlen. Das ist ein Fehler, den einige Ausländer in Deutschland machen. Darüber sollte man ganz offen reden. Wenn man weiß, es gibt einige Deutsche, die gar nicht wissen, worüber sie reden, sondern nur etwas vermuten und davon ausgehen, daß es nur so und nicht anders sein kann, und einfach drauflos reden, braucht man nicht beleidigt oder verletzt zu sein. Entweder klärt man die Leute über ihren Irrtum auf, oder man verzeiht ihnen ihre Unwissenheit. Anders ist es, wenn jemand absichtlich beleidigend ist. Dafür entwickelt man im Lauf der Zeit ein Gespür.

Ich habe den überwiegenden Teil meines Lebens in Deutschland verbracht. Ich fühle mich hier zu Hause. Mittlerweile vergessen die Leute sehr oft, daß ich Ausländer bin. Sie reden in meiner Gegenwart ganz frei, auch darüber, daß sie meinen, daß heute viel zu viele Ausländer in Deutschland sind.

UKRAINE

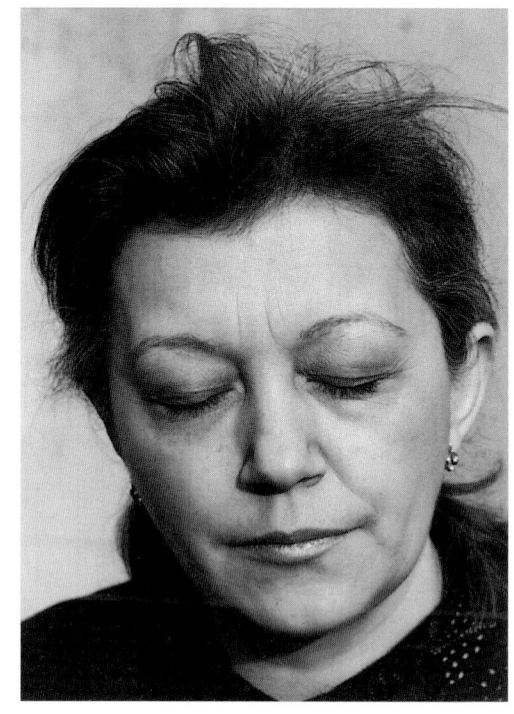

Не напрасно дули ветры,
Не напрасно шла гроза.
Судьба тайным тихим светом
осветила мне глаза
			1917
			С. Есенин

L. Schlosser

Nicht umsonst hat der Wind geweht,
Nicht umsonst hat der Sturm getobt.
Das Schicksal hat meine Augen
mit einem leisen, geheimnisvollen Licht erfüllt.
                                    S. Jessenin 1917

In der Sowjetunion war es üblich, daß man nach dem Studium von der Regierung dahin geschickt wurde, wo man dachte, daß Ärzte am meisten gebraucht würden. Mich haben sie nach Tadschikistan an die afghanische Grenze geschickt. Ich sollte in ein Dorf, das ganz, ganz hoch oben in den Bergen lag. Um dahin zu kommen, mußte man erst mal mit dem Flugzeug bis zur Hauptstadt von Tadschikistan, nach Duschanbe, fliegen und von da aus mit dem Hubschrauber in die Berge. Vom Hubschrauberlandeplatz kam man nur noch mit dem Esel weiter. Ich war hochschwanger, im siebten Monat mit Zwillingen. Mein Mann war bei mir. Weil seine Familie Ausreiseanträge nach Deutschland gestellt hatte, war er aus der Universität rausgeflogen. Als wir in Duschanbe ankamen, dachte ich, wenn wir wirklich in die Berge gehen, kriege ich die Kinder schon unterwegs. Ich wollte in der Stadt bleiben, bis ich entbunden hatte. Dann konnten sie mich schicken, wohin sie wollten.

Ich bin also zur stellvertretenden Gesundheitsministerin von Tadschikistan, einer Tadschikin, gegangen und habe ihr meinen Wunsch vorgetragen. »Scheren Sie sich zum Teufel! Wir brauchen keine russischen Ärzte, wir haben genug eigene!« brüllte sie. Ich stand vor ihr und weinte und wußte nicht, was ich machen sollte. Ihre Sekretärin brachte mich dann zum Minister persönlich, der war Russe, ein älterer Herr. Ich durfte bleiben, und ich bekam eine Stelle am Krankenhaus von Duschanbe. Die Kinder kamen vor lauter Aufregung einen Monat zu früh zur Welt. Alle drei Stunden stand ich nachts an meinem Primuskocher und habe Milch für die Kinder gekocht. Mein Mann hatte irgendwo eine gesunde Kuh aufgetrieben, die keine Tuberkulose hatte. Wir wohnten in einem winzigen Lehmhaus mit einem Zimmer und einem Vorraum. Da stand ein Eisenfaß auf Ziegelsteinen. Das war der Ofen. Wir hatten eine Kommode und ein Bett, sonst nichts. So haben wir gelebt, ein Jahr. Dann haben wir unsere Papiere für die Ausreise nach Deutschland eingereicht und unerwarteterweise sofort die Genehmigung bekommen.

In Deutschland wurden wir anfangs immer »die Russen« genannt. Mein Mann war darüber sehr pikiert. Aber ich habe gesagt: »Was regst du dich auf? Wir sind doch Russen!«

UNGARN

Szabadság, szerelem!
E kettő kell nekem!
Szerelmemért föláldozom
Az életet,
Szabadságért föláldozom
Szerelmemet.

Sándor Petőfi
Pest, 1. Jan. 1847

Zsuzsanna Böröcz

Freiheit, Liebe!
Ich will beides haben!
Für meine Liebe opfere ich
mein Leben,
Für die Freiheit opfere ich
meine Liebe.
    Sándor Petöfi

Ich fühle mich nicht fremd hier. Schließlich komme ich aus einem »Multikulti-Land«, dessen tausendjährige Geschichte, Traditionen und Kulturreichtum auch von deutschen Einwanderern geprägt wurden. Aber irgendwie sieht man mir an, daß ich Ausländerin bin. Ich habe das schon ausprobiert, im Taxi. Wenn ein Kunde eingestiegen ist, habe ich ihn nur fragend angesehen, um herausfinden, wohin er will. Ich habe kein einziges Wort gesagt, um mich nicht mit meinem Akzent zu verraten. Trotzdem war die erste Frage: »Wo kommen Sie her?« Diese Fragen »Wo kommen Sie her?«, »Sie sprechen aber gut Deutsch?!«, »Wie fühlen Sie sich hier?« höre ich beim Taxifahren täglich. Daß mir immer wieder die gleichen Fragen gestellt werden, läßt sich als Neugier und ein freundlich gemeintes Interesse deuten, zeigt mir aber andererseits, daß ich nicht als Individuum wahrgenommen, sondern in den Köpfen meiner Fahrgäste sofort der Kategorie der »Ausländer« zugeordnet werde.

Anfangs habe ich bei einer sehr netten und hilfsbereiten Kölner Familie als Putzfrau gearbeitet. Dort wurde ich gefragt, ob ich denn auch Weihnachten feiern würde. Die frühere Putzfrau, eine Türkin, habe das Weihnachtsfest doch tatsächlich nicht begangen. Ich glaube, daß der Durchschnittsmensch, trotz seiner vielen Urlaubsreisen ins Ausland und der Berichterstattung der Medien, über andere, auch nahe gelegene Länder nur sehr wenig weiß und eine uneingestandene Angst vor fremdem Unbekanntem hat, die ihn lähmt, sich ungewohntem Neuem gegenüber zu öffnen, neue Erfahrungen an sich heranzulassen, etwas davon zu lernen und für sich selber anzunehmen.

Aber mittlerweile habe ich noch viele andere Kölner kennen- und liebengelernt. Wenn diese Kölner typisch für Deutschland sind, ist Deutschland in Ordnung.

URUGUAY

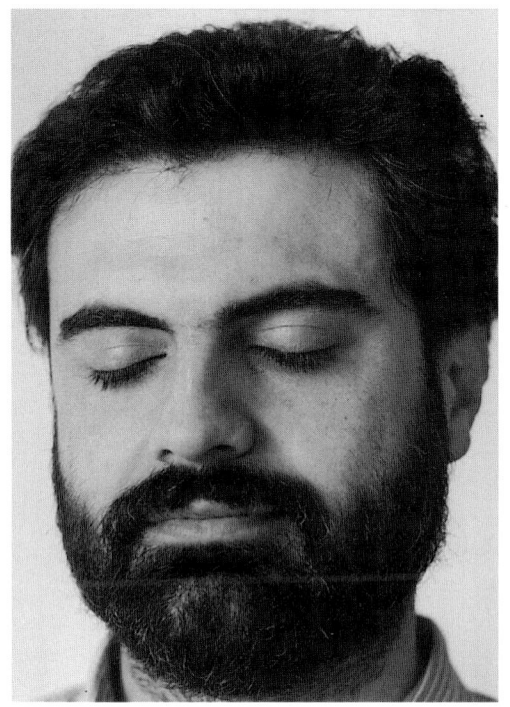

Arrojados a la cancha,
con los ojos vendados,
hay que jugar a un juego
cuyas reglas no conocen ni inventaron.

Jorge Ferré

*Auf den Spielplatz geschickt
mit verbundenen Augen
müssen wir ein Spiel spielen,
dessen Regeln wir nicht kennen
und nicht erfunden haben.*

Es ist immer schwirig, seinen Platz in einer fremden Gesellschaft zu finden. In Uruguay wußte jeder durch das, was ich mache: »Ah, das ist der José, das ist der Gitarrist.« Das war meine Identität. Aber wenn du in ein fremdes Land kommst, bist du plötzlich nur noch José, der Spanier oder der Südamerikaner. Niemand weiß, welche Referenzen du zu Hause hast. Solche Probleme gibt es bei den Kindern nicht. Meine Tochter fühlt sich als Kölnerin. Das ist nur für uns Erwachsene so, weil wir einen Teil unseres Lebens von zu Hause mitgebracht haben.

Was in Deutschland anders ist als in Uruguay, merkt man vor allem an den Kindern. In Deutschland werden fast überall strenge Erziehungsregeln eingehalten. Wo man hinguckt, wird zu einer bestimmten Zeit zu Mittag gegessen und die Kinder müssen abends um acht Uhr im Bett sein. In Uruguay ist das alles ein bißchen chaotischer. Man ist flexibler. Das heißt nicht, daß die Kinder weniger streng erzogen werden. Aber die Leute handeln aus der Situation heraus. Man geht schlafen, wenn man müde ist, und gegessen wird, wenn man Hunger hat. Ich glaube, diese Regelmäßigkeiten, die in Deutschland gesetzesmäßig eingehalten werden müssen, zeigen sich später auch bei den Erwachsenen. Sie fühlen sich ihr ganzes Leben an Regeln gebunden. In Deutschland gibt es oft Konflikte wegen belangloser Kleinigkeiten. Es heißt dann: »Du darfst das nicht machen.« Ich habe manchmal das Gefühl, daß Deutschland zwar auf politischer Ebene demokratisch ist, es aber in persönlichen Beziehungen und in den Familien ziemlich diktatorisch zugeht. In Uruguay leben die Leute politisch sehr bewußt. Toleranz ist wichtig, weil Uruguay ein Einwandererland ist. Religion ist Nebensache und wird nicht an den Schulen unterrichtet. Religion ist etwas ganz Persönliches. Das bedeutet aber nicht, daß es keinen Rassismus gibt. Nicht mit Gewalt, wie in den USA, sondern mehr subtil. Wer schwarz ist in Uruguay, gehört zur Unterschicht. Aufstiegschancen gibt es nicht.

Jedesmal, wenn ich in Deutschland in der Zeitung etwas von einem Angriff auf ein Asylantenheim lese, werde ich wütend. Ich kann dann einfach nicht mehr klar denken, nur, daß ich so schnell wie möglich von hier weggehen muß. Wenn ich dann aber in Ruhe nachdenke, muß ich zugeben, daß ich in Deutschland eigentlich noch nie schlechte Erfahrungen gemacht habe. Ein paarmal schon, aber das waren Kleinigkeiten, als sich die Nachbarin beschwert hat, ich als Ausländer würde mehr besitzen als sie als Deutsche. Ich wußte nie, ob das wirklich ernst gemeint ist oder ob ich vielleicht unter Verfolgungswahn leide.

USA

Because they can never steal your soul

Tanya Crenshaw

Denn sie können niemals Deine Seele stehlen.

In den USA habe ich bei meiner Großmutter gelebt, weil mein Vater in die Politik gegangen ist. Er hat in Dallas als Bürgermeister kandidiert. Als Schwarzer bekam er deshalb Schwierigkeiten. Er erhielt Bombendrohungen vom Büro des Sheriffs und solche Sachen. Natürlich hat er die Bürgermeisterwahl nicht gewonnen. Aber er hat weiter kandidiert und ist politisch noch immer aktiv. Meine Großmutter hat mich streng erzogen. Zum Beispiel mit Jungen, das war ziemlich extrem. Ausgehen mit einem Jungen durfte ich erst, als ich 18 war. Die Zahl der Teenagerschwangerschaften ist in Amerika wesentlich höher als irgendwo anders auf der Welt. Klar, es gibt die Pille. Aber manchmal ist die Pille eine gute Entschuldigung, um erst richtig loszulegen. Ich habe eine kaufmännische High School in der Innenstadt von Dallas besucht. Bis zur Abschlußklasse lief das auch ganz normal. Aber dann wurde ein Freund von mir erschossen. Er hatte mit Kokain gedealt und Geld unterschlagen. Dealen, das war total normal. Bei uns in der Schule hat fast jeder Junge gedealt, weil er sich dadurch ein paar Sachen erlauben konnnte, seine Freundin ausführen oder ein Auto kaufen. Mit Dealen kann man viel schneller Geld machen, als bei McDonald's zu arbeiten. Ein anderer Freund von mir hat sich mit Dealen sein Universitätsstudium finanziert. Viele Leute aus meinem Schuljahrgang sind erschossen worden. Die Kriminalität ist in Amerika sehr hoch, vor allem in den Gegenden, wo Schwarze leben. Das sind ja die sogenannten ärmeren Viertel. Das Leben wurde immer stressiger. Ich habe mich einfach nicht mehr wohl gefühlt und auch nicht mehr sicher.

1989 bin ich wieder nach Deutschland, nach Hamburg, zu meiner Mutter, gegangen. Ich brauchte Zeit, um mich zu akklimatisieren, weil in Deutschland gleich wieder dieser Unterschied zwischen Schwarz und Weiß da ist. Dieser Unterschied drückt sich anders aus als in Amerika. Anstelle von Aggressivität und Haß sind es hier Worte und Klischeevorstellungen in den Köpfen der Leute, die sehr verletzend sein können. Auch wenn das manchmal gar nicht rassistisch gemeint ist. Dahinter steckt Desinteresse und Unwissenheit. Ich habe immer gedacht, die Leute hier haben sich in ihrem ganzen Leben noch nie mit etwas anderem beschäftigt als mit sich selbst.

VENEZUELA

Pienso que hay algo en la vida que no se debe perder, y es: el respeto por todo y a todos, así se podría dar todo el conocimiento que uno tiene (en todos los sentidos) y exigir lo que uno quiere y desea y así poder seguir desarrollandose sobre todo espiritualmente, claro está, en el amor, la salud, dinero, etc...

*Ich denke, man darf niemals im Leben
den Respekt vor anderen verlieren.
Nur so gelingt es Dir, alles, was Du weißt, weiterzugeben und
etwas zurückzubekommen, das auch Dich selber weiterbringt.*

In Venezuela war ich Cellistin der nationalen Symphoniker und des Jugend-National-Orchesters und habe als Cello-Lehrerin Unterricht gegeben. Ich habe Cello studiert, meine Schwester Flöte und meine andere Schwester Tanz. In meiner Familie sind alle Troubadoure. Wenn meine Mutter Geburtstag hat, kommt mein Vater mit der Gitarre und bringt ihr ein Ständchen. Ich habe bei den Symphonikern Venezuelas gut verdient und auch für das Fernsehen gearbeitet. Aber ich wollte weiterkommen und mehr lernen. Manchmal hatten wir Workshops mit Lehrern aus Deutschland oder aus Rußland. Aber die fanden nur alle vier oder sechs Monate statt. Das war zuwenig. Doch ich hatte Glück. Meine Großmutter arbeitete als Hausangestellte in der Villa eines alten venezolanischen Politikers. In seiner Familie gab es eine Verwandte, die in Paris lebte. Sie wollte Kindern einfacher Leute helfen, in Europa zu studieren. Durch ihre Vermittlung erhielt ich einen Studienplatz an der Musikhochschule in Paris. Das Flugticket nach Paris mußte ich selber bezahlen. Meine Familie und alle meine Freunde haben dafür Geld zusammengelegt. Alle haben gesagt: »Klar, du mußt nach Paris. Du mußt sehen, daß du weiterkommst.« Alle haben mich unterstützt.

Schon in Venezuela hatte ich Freunde in Deutschland, die in Köln leben und auch Musiker sind. Im ersten Studienjahr in Paris bin ich jedes Wochenende nach Köln gefahren. Von freitags bis sonntags bin ich mit meinen Freunden in Köln aufgetreten. Ich habe jedes Wochenende Geld verdient, um in Paris leben zu können. Montags, um fünf Uhr morgens, bin ich dann wieder nach Paris zurückgefahren und war am Nachmittag immer pünktlich zum Seminar über Musikgeschichte an der Musikhochschule zurück. Paris ist zum Leben sehr teuer. Ohne Geld kann man überhaupt nichts machen. Du kannst dir nur den Eiffelturm von unten angucken. Du denkst, du bist in Paris, es gibt so viel Kultur und so vieles, was du lernen kannst. Aber dann stehst du draußen vor den vielen Museen und hast kein Geld, um hineinzugehen.

1989 habe ich mein Studium abgeschlossen. Die venezolanische Regierung hat mir ein Rückflugticket geschickt. Aber ich habe entschieden, in Deutschland, in Köln zu leben und weiter zu studieren. In Köln habe ich als Ausländerin noch nie eine schlechte Erfahrung gemacht. Ich glaube, wenn ich einmal auch nur eine einzige schlechte Erfahrung machen sollte, werde ich sofort nach Hause zurückgehen.

VIETNAM

Một Năm thêm mấy tháng rồi, thu chi đóng lại Sổ. hỡi sắp Xuân. Gặp em anh gặp mấy lần, chuyện quên mà lạ chuyện sẵn ra xa, ai làm các nổ đời ta, vì anh vụng ngượng hay là vì em, chẳng còn đợi gió chưa lên, hay là chẳng đã chôn trên mái rồi. Bằng ngày em nói sao lời với cha với mẹ với người trung quanh, sao em không nói với anh một lời, tưởng từ anh phải miễn mỏi. Đứng trên trong luá ngồi trong xưởng, co luá thì phải có thường, để chi điểm thâm hỏi trường nhớ em.

Schon wieder ist ein Jahr vorbei.
Ich wollte Dich sehen,
aber es gab keine Möglichkeit.
Ich warte auf den Moment,
in dem der Mond sich dreht
und wir uns wiederbegegnen.
Tagsüber sprichst Du mit vielen Menschen.
Warum sprichst Du kein Wort mit mir?

1982 bekam ich einen Brief aus Amerika. Man sagte mir, ich hätte dort einen Onkel. Von diesem Onkel habe ich dann die Erklärung bekommen, wer ich wirklich bin. Ich habe erfahren, daß ich gar nicht so heiße, wie ich heiße, und daß ich ein ganz anderes Geburtsdatum habe. Damals wußte ich noch nicht, daß der Onkel in Amerika mein Vater ist. Er hat es mir erst später gesagt, weil er Angst hatte, er könnte mich in Schwierigkeiten bringen. Ich habe erfahren, daß ich als Kind eigentlich gar nicht nach Deutschland hätte kommen dürfen. Mit meiner Behinderung war ich kein Notfall. Es gab so viele andere Kinder, die bombardiert worden waren, die Splitter im Kopf hatten, die waren wichtiger. Ich hatte Kinderlähmung. Meine Mutter hatte mich abends ins Bett gebracht, und am nächsten Morgen bin ich aufgewacht und meine Seite war gelähmt. Mein Vater hatte gute Beziehungen. Er kannte eine Frau, die hatte zwei Kinder, einen Sohn und eine Tochter. Der Sohn war auch behindert, aber er war ein Notfall, der nach Deutschland geflogen werden sollte. Er hatte kaum eine Überlebenschance. Mein Vater hat dieser Frau für die beiden Pässe ihrer Kinder zwei Häuser angeboten. Die Frau hat angenommen. Deshalb hatten meine Schwester und ich ganz andere Namen, als wir nach Deutschland kamen. Mein Vater sagte, meine Mutter hätte sich nicht getraut, nach Amerika zu kommen. Gut, habe ich gesagt, dann muß ich sie in Vietnam besuchen.

1993 bin ich nach Vietnam geflogen. Ich hatte unheimliche Bauchschmerzen zu fliegen nach alldem, was ich von Vietnam gehört hatte. Daß man das Wasser noch am Brunnen holen muß, daß es keinen Strom gibt, daß die Leute in Häusern aus Blättern leben und die Wege voller Schlamm sind. Ich wußte nicht, wie ich mich im Rollstuhl da bewegen sollte. Aber es kam alles ganz anders. Ich habe ein Haus gemietet und dort mit meiner Mutter zusammengelebt. In dieser Zeit habe ich auch meine Frau kennengelernt. Zwei Wochen bevor ich nach Deutschland zurückgeflogen bin, haben wir geheiratet. Seitdem ich weiß, wo meine Mutter lebt und wo mein Vater ist, weiß ich genau, daß ich nicht mehr alleine bin, und habe das Gefühl, daß das Leben jetzt erst für mich richtig anfängt. Meine Einstellung zum Leben hat sich geändert.

In Deutschland hat man 1000 Bekannte, aber meine vietnamesischen Freunde sind immer für mich da. Jede Kultur hat gute und schlechte Seiten. Als Behinderter und Ausländer in Deutschland kommt es immer darauf an, wie man sich selber gibt und wie man auftritt unter anderen Menschen. Man muß sich ein positives Umfeld schaffen.